东方智慧

常 宇◎主编

人民东方出版传媒
People's Oriental Publishing & Media

东方出版社
The Oriental Press

图书在版编目（CIP）数据

东方智慧 / 常宇主编 . -- 北京：东方出版社，

2025. 9. -- ISBN 978-7-5207-4541-3

Ⅰ. K103

中国国家版本馆 CIP 数据核字第 202582XM69 号

东方智慧

DONGFANG ZHIHUI

- -

主　　编：常　宇

责任编辑：王晶晶　朱　然

出　　版：东方出版社

发　　行：人民东方出版传媒有限公司

地　　址：北京市东城区朝阳门内大街 166 号

邮　　编：100010

印　　刷：香河县宏润印刷有限公司

版　　次：2025 年 9 月第 1 版

印　　次：2025 年 9 月北京第 1 次印刷

开　　本：710mm×1000mm　1/16

印　　张：12

字　　数：186 千字

书　　号：ISBN 978-7-5207-4541-3

定　　价：68.00 元

发行电话：（010）85924663　85924644　85924641

- -

前　言

　　东方智慧，是中华民族五千年文明积淀的处世哲学，它根植于儒、道、佛等思想体系，融合了中国人对人性、社会和宇宙的深刻理解。这种智慧不仅是一种思想，更是一种实践，体现在待人接物、修身养性、审时度势的方方面面。

　　俗话说，有人的地方就有江湖。天下熙熙，皆为利来；天下攘攘，皆为利往。人在世俗社会，总是充满着各种利益纷争，争来争去，无外乎功名利禄而已。对于很多人来说，这就是他们的人生和生活，也是很多人的处世之道。

　　然而正如老子在《道德经》里写道："天下皆知美之为美，斯恶已；皆知善之为善，斯不善已。"天下人都知道什么是美，丑也就诞生了，天下人都知道什么是善，恶也就诞生了。美丑与善恶都是相对的，这也是道家所说的物极必反，任何事物发展到极限就会向相反方面转化。人们在追求所谓的名利时，到头来可能会让名利成为他们的羁绊，前途也会变得充满险阻。

　　在人生的道路上，很多人经过了种种挫折，体会到生活的不易和艰辛，不断地完善自己，从而获得了美好的人生。本书就总结了老祖宗的六条处世之道，读懂了它们，便读懂了人生。我们在社会上免不了要与人相处、共事。

　　一个人不可能脱离社会而独立生存。因此，如何处世对每个人来说都显得非常重要。深谙处世哲学的人，在经营事业和人生时，往往能够达到无往不胜、左右逢源的高超境界。不懂处世哲学的人，即使才华横溢，往往也很难有所建树。

　　人生在世，有事要做，有人情要谈，为人处世是每个人必修的课程。我们中国文化博大精深，有诸多处世哲学典籍，各家思想流派的哲学思想已经穿越漫漫的文化长河，流淌在每一个中华儿女的血液里，值得我们随时重拾历史记忆，从回望中，多多学习，多多受益。对于为人处世，鲁迅曾有过一个非常精辟的说法，孩子是要别人教的，毛病是要别人医的，即使自己是教员或医生。但做人处世的法子，却恐怕要自己斟酌，许多人开来的良方，往往不过是废纸。

我们的生命是有限的，不能总把自己当成一个还在成长的孩子，这个社会对我们有着固定的期望和要求，因此，我们没有太多的时间和机会去亲自体验和斟酌科学的处世哲学。本书恰恰挖掘和剖析了中国人消极的或是积极的处世态度，并收集了很多发生在我们周围的事例，让我们对身边的人和事有更深刻的见解。希望能让读者朋友们有所借鉴。

需要特别说明的是，本书并非对中国传统处世哲学的全盘肯定或简单复述。我们清醒地认识到，传统文化中既有跨越时空的普适智慧，也有特定历史条件下的局限性观念。本书的写作秉持批判继承的态度，既尊重传统，又立足现代，力求提取那些真正具有当代价值的思想精华，并用现代人易于理解的语言和案例加以诠释。

希望这本书能成为读者探索东方智慧的一把钥匙，帮助大家在纷繁复杂的现代生活中找到内心的定海神针，建立更加和谐的人际关系，创造更有意义的人生价值。东方智慧不是博物馆里的古董，而是可以融入当下生活的活水源头。愿每一位读者都能从中获得属于自己的领悟与成长。

编　者

目 录

第一章

处世低调做人自律

低调处世，就是把自己当作一个普通人，放在人人平等的氛围中。人性的一个弱点，就是见不得别人比他强，也见不得别人比他好，你越成功，越有钱有地位，他们越希望你能表现出一种低调的平民气质，而不是高高在上，如果你具备和保持这种气质，那么，他们在心态上就会平和很多，就更愿意容纳你和接受你，也愿意服从你和跟随你，而不是嫉妒你甚至仇恨你。

低调就是不骄傲自满

为人处世，绝不可以骄傲自满，想要成为完善之人，首先要觉得自己始终不完善，并要不断地努力。在人际交往中，要"劳谦虚己，则附之者众；骄慢倨傲，则去之者多"。意思是说，谦虚待人，愿意和他亲近交往的人自然就多；如果骄傲自满，盛气凌人，即使是原来与他亲近的人也会离他而去的。

谦虚是人品好、学识修养高的表现，骄傲自满的人往往是浅薄无知的人。这种人总是喜欢摆出一副盛气凌人的态度，只会引起别人的反感，不能获得别人的尊敬和信任。

《庄子》中有这样一个故事：

宋国有一个叫曹商的人，宋王派他出使秦国。到秦国后他得了几辆马车，回来后宋王很高兴，就又赏了他一百辆马车。这个人便扬扬自得，骄傲地对庄子说:"在陋巷过苦日子,我可没有这种本事;但游说大国的君主,让他悔悟,因而得到百辆马车,这是我的长处。"庄子见他如此骄狂,便说:"秦王生病请的大夫,使痈疽痤疮破溃的得马车一辆,舔尝痔疮的得马车五辆,所治疗的部位越低下,得到的马车就越多。你难道为秦王治痔了吗?为何得了这么多车?"

一个人即使是有能力,在某方面做出了一点成绩,但也不要太骄狂自满,要注意谦虚待人,才能得到他人的尊重与认可。每个人都有独立的人格,都有权利维护人格的尊严,不受侮辱,不被歧视。因此,在和别人交往时,要尊重他人的人格,做到平等待人,礼貌待人,不能以势利的态度,谄上而慢下。另外,还要有自知之明,每个人都有自己的长处,所以要多学习别人的长处。不要因为自身的优点而骄傲自大。要有谦虚宽容的胸襟,自然能以谦和平等的态度待人,不致给人留下骄狂傲慢的不良印象。

一个人有地位、有才学而能谦虚待人,就能使别人信服。懂得谦虚就是懂得人生无止境、知识无止境。海不辞水,故能成其大;山不辞石,故能成其高。只有谦虚谨慎、永不自满的人,才能追求有所作为、有所成就的人生。

诚信是为人处世的基石

诚信是中华民族的传统美德。诚信的道德观念和思想修养源远而流长，自古以来就被中华民族所重视。"诚信"一词由"诚"和"信"两个单音字构成，许慎《说文解字》、班固《白虎通义》以"诚信"两字互训，其含义既相区别，又紧密联系。

诚，在中国传统思想中有二义：一是本体特性之义；二是德行之义。

其一，诚是一个表述宇宙本体特性的哲学范畴。《礼记·中庸》云："诚者，天之道也。"朱熹注："诚者，真实无妄之谓，天理之本然也。"可见，诚就是实际有、实际存在、真实无妄的意思。自然宇宙是物质性的，是实实在在地存在的，不以任何人的意志为转移。自从宇宙形成之后，它就按照自己固有的规律和节拍运动、变化和发展，人们承认它是那样，人们不承认它还是那样。实有就是天道的最基本和最根本的特点。

其二，诚是一个表述人的基本德行和精神状态的道德范畴。《礼记·中庸》云："诚之者，人之道也。"朱熹注："诚之者，未能真实无妄，而欲其真实无妄之谓，人事之当然也。"诚作为道德范畴，其指向不再是宇宙自然界，而是人本身。

古人认为，天道的本质特性是诚，是实有，人是天地的产物，因而人在德行上也保存了天道的本质特征，但没有达到天然具足的程度。人作为万物之灵，能够认识到自己的内在本质及其不足，并通过后天的努力，不断培育诚的德行，把它发扬光大。作为传统道德范畴，诚是个体德行和精神的内在实有。其含义有三：其一，诚是与天道本质特点密切相联系的人的真诚无妄的德行；其二，诚是人的自我统一性，是身心内外的合一不二；其三，诚是诚敬严肃的精神和心理状态。

人的内在实有的德行，总是要通过人的外在言行表现出来。某人的言行就构成了其他人对某人具有多少诚的德行的了解、判断和评价的依据。然而，某一个人的言行常常不能完全地表现一个人内在德行的实有。其他人受自身言行习惯的局限和对某人言行了解程度的局限，常常不能对他人的德行做出恰当的评价。真正能够正确评价自己有多少"诚"德行的人，是某人自己及对其有深刻了解的"知音"。

自然界没有主观意志，因而不存在什么"假相"；人类有主观意识，故而有虚伪和谎言。在道德领域，与"诚"相对的是"伪"。所谓"伪"，就是没有内在德行的实有而伪装成有。"伪"是对他人的欺骗，比"无"更坏，因此，人们常常说"真小人"比"伪君子"还更可爱一些。

信，在字形结构上从人从言，讲的是言谈的诚实性，言由心出，表里一致。"信"字原本讲的是人在神面前祷告和盟誓的诚实不欺之语。古人认为，神灵具有人所不可企及的智慧和能力，人在神面前只能老老实实，否则必有灾祸降临。

《左传·隐公元年》记载了《郑伯克段于鄢》的故事，典型地表现了春秋时期人们"信"的观念。

郑伯就是郑庄公，从其出生的第一天起，他的母亲就不喜欢他。其父郑武公去世后，郑庄公即位。其母背地里支持其弟太叔段谋反篡位。郑庄公早有准备，击败其弟，囚禁其母，并发誓说"不到黄泉，誓不相见"。

不久，郑庄公回心转意，对母亲很是想念。但是，那个"不到黄泉，誓不相见"的信誓，决定了母子二人今生今世是不可能再相聚了。

后来，一个叫颍考叔的人给黯然神伤的郑庄公出了一个主意：掘井见黄泉，母子隧中相见。郑庄公母子因此才得以团圆。

郑庄公之所以信守誓言，就在于他所生活的时代，人类对于鬼神十分畏惧。这种对于鬼神讲信用的行为方式运用到人际关系之中，讲求人与人之间的言而有信，也就是人际信用伦理。

诚与信有着密切的联系。诚是人内在的德行，信则是诚的外在表现。诚于中，必信于外。因此，诚与信联结为一个词，表述的是人们诚实无妄、信守诺言、言行一致的美德。诚信同时也可以作为一个道德规范，它要求人们诚实无伪、言而有信。千百年来，诚信一直是中华民族最基本的道德要求，对于人际的协作和和谐产生着极其重要的作用。

在实际生活中，我们干一件比较重要的事，常常自己给自己鼓劲，使自己集中精力，使自我内部统一起来，这就是一种诚的功夫。一个人如果没有内在的诚，也就没有一个内在统一的自我，其心灵是涣散的，外部表情是散漫的，对外部信息的感应也是浅淡的。这样一种心灵状态，做事不可能做得漂亮，修德不可能有效果，与人相处不可能交成好朋友。《中庸》所说的"不诚无物"就是这个意思。

人是一种具有社会性的动物，总要与他人交往。人与人之间的交流主要是通过言行来进行的。诚于中必显于外。心有诚意，口则必有信语；口有信语，身则必有慎行。一个人能够长期坚持以诚信待人处世，就会形成诚信的人格。具有诚信人格的人，就会赢得人们的普遍信赖。自尊者人尊之，自敬者人敬之，自信者人信之，这是人际交往的必然规律。

一个人诚信与否，是以行为和时间来检验的。孔子曾讲："始吾于人也，听其言而信其行；今吾于人也，听其言而观其行。"（《论语·公冶长》）一个有道德的人，以己之心度人之心，自己诚信故而也相信别人的诚信。然而，人并不都是言而有信、言行一致的，因此要听其言而观其行。有的人自以为很高明，认为人都很好欺骗，故而长于言而短于行。但是，人毕竟是不能靠欺骗生活的，当其欺骗的把戏被人们普遍知晓的时候，这种人就变成了孤家寡人，再也没有可行欺骗的环境。小时候常听的《狼来了》的故事，就是一个很好的证明。

某些人欠缺诚信的美德，却不思考如何实际地约束自己、提高诚信度，而是用各种手段和方法伪装诚信。《中庸》云："莫见乎隐，莫显乎微。"在隐蔽的地方，在微小的地方，常常能够看出一个人真正的面目。即使伪装得再高明，总是会露出破绽和马脚的。只有表里一致的人，才没有破绽。我们常常看到这样的情况：内在德行诚实的人一般都从来不表白自己的诚实，而惯于说谎的人总是诚恳地向人表白自己说的不是谎话；诚实的人总觉得人人说的都是实话，不诚实的人总觉得人人都不诚实；厚道的人常常认为人人都厚道，工于心计的人常常认为人人都工于心计。具有丰富人生经验的人，不需费很大的气力就可以通过言谈洞察一个人的德行。

诚信作为一个基本的道德规范，是对人们的共同要求。与人交往，自己首先要保持诚信。然而，正常的、和谐的人际关系的维持则需要双方或多方都讲诚信。"信"字还包含同心相知、彼此信任的意思。如果双方当面说一套，背后搞另一套，友好的关系不可能得到维持，两人更不能成为朋友。彼此以诚信相待，不因偶然事件而动摇，不因时光流逝而褪色，才算得上是真正的诚信。

值得指出的是，诚信作为一个最基本的道德规范，每个人都不可须臾而离，但这并非绝对。诚信是一种基础性的道德要求，它需要以正义的道德原则来统率。一个人为人处世，一言一行，都要以义为原则；义所当为则勇往直前，义所不当为则退避三舍。一个公务员把关乎国家和人民利益的机密很"诚信"地告诉敌人，一个银行职员很"诚信"地把银行保险柜的密码告诉抢劫者，这不是愚蠢便是白痴。这种小人之信是不能提倡的。孟子曾说："大人者，言不必信，行不必果，惟义所在。"（《孟子·离娄章句下》）对于一个病入膏肓的人，你不必告诉他实际的病情；对于一个别有用心的人，你不必告诉他他不该知道的秘密。从大义出发，该说实话的时候说实话，不能说实话的时候保持沉默，这并不妨碍一个人诚信的品格。

先秦时期，商鞅为了变法，而"立木取信"。三国时诸葛亮为了让众将信服于军法的权威，真正做到令行禁止，虽然主观上极不情愿，但还是要在用人之际"挥泪斩马谡"。曾国藩曾经有所感慨地说："天地之所以不停止，国家之所以建立，圣贤之所以高大长久，都是以诚来体现的。"（《复贺耦庚中丞》）所以诚就是最真，最真就能达到最美，最美就能达到最善，这样便是天地的大德。

外晦内明，委曲求存

在日常生活中，人们为了回避某种矛盾，或者为了渡过某种危难，或者为了对付某个势力强大的对手，在一定时期内，故意装作愚蠢、呆痴，行"韬晦"之计，以求保存自己或等待时机战胜对手的事例有很多。

在社会上与人交往，理应以诚相待，然而事实上为人太诚实所得到的结果有时候却令人失望、痛心甚至是遗憾。因此，有些时候，我们不得不有所戒备，有所警惕，不得不用一点"外晦内明"的智慧。

很多史实告诉我们，真正的智者绝不是任意显露自己的聪明，而是将精明掩饰起来，故意把晦暗、糊涂展示给人看。

朱元璋在没有当皇帝的时候，爱护百姓、礼贤下士；可他当了皇帝后，性情暴躁、杀人如麻，大批功臣死在他的屠刀之下，因为他害怕那些有能力的大臣抢夺他的皇位。

皇太子朱标却很仁慈，他见朱元璋这样乱杀人，很不赞成他老子的做法，于是两个人在处理政务上老闹别扭，弄不到一块儿去，这样一来，文武大臣们更是左右为难，不知如何是好了。

有一次，太祖朱元璋圈画应处决的囚犯，让袁凯送给皇太子审核。袁凯把名单交给太子，太子看到名单上人太多，主张从宽处理，可问题是他并没有自己去找老爹说这句话，而是转告袁凯，让他去告诉朱元璋自己的意见。

袁凯心想，去就去吧，见了朱元璋，老实地把太子的话原样说了一遍，完后叩个头，准备走人。谁知就在此时，朱元璋问他："太子意见和我相反，你看我俩谁说得对呢？"

袁凯心想，这个问题可不好回答啊，我是一个小官，你们父子俩的事情我岂能随便掺和啊！袁凯左右为难，没有办法，想出了回答的话："皇上也没错，太子也没错。"

朱元璋问:"怎么说?"

袁凯说:"皇上对囚犯处以极刑,从法律上说是正确的。而太子宽恕罪犯,说明太子心地仁慈。"

真是难为袁凯了!

朱元璋平常对人猜忌多疑,苛暴寡恩,一听袁凯的话,勃然大怒,认为他在耍滑头。当面斥责袁凯狡猾,不说真话,怒气冲冲地骂道:"你这个老滑头,竟敢在朕面前花言巧语,两边讨好,先斩了你,看还有谁敢到朕面前卖弄口舌!"

幸亏跟前有几个大臣在场,跪地给袁凯求情才平息了朱元璋的怒气,饶了他这次。

袁凯回家后越想越怕,心想:"皇上残暴,这回得罪了皇上,看来早晚要掉脑袋啊!"

袁凯的妻子知道了此事,气愤地说:"这个皇帝太残暴,我看不比秦始皇差,我们还是小心点好,这个官不要当了吧!"

听到妻子这样说,袁凯不禁有所悟:当初秦二世逼赵高女儿赵艳容,赵艳容装疯才保住自身,自己何不效仿赵艳容,也来个装疯卖傻躲过此劫呢!

于是,袁凯便下了决心:装疯。

第二天,他就不上朝了,让家里人传话说自己已经疯了。

朱元璋自然是不会相信,于是,派人到他家打探。

不久后,派去的人回来了:"启奏陛下,袁御史真的疯了,我到他家时,他正在那乱蹦乱跳地胡言乱语呢,而且家里也被他弄得乱七八糟的。"

朱元璋仍是不相信,冷笑道:"昨天还好好的,怎么这么快就疯了,朕不信。派人把他给朕绑来。"

于是,袁凯被绑上了殿,披头散发,满脸土灰,衣衫破旧,总之是人不像人,鬼不像鬼。

百官都摇头叹息道:"唉,看来是真的疯了。"

朱元璋见状,仍是半信半疑:"来人,拿木钻钻他几下,疯子是不怕疼的，就看看他是真疯还是假疯。"

于是便用木钻去钻袁凯。

袁凯不愧是装疯高手，发扬了关云长刮骨疗毒的优良品质，任人来钻只是不出声，朱元璋见他没有任何反应，便暂且相信，让他回去了。

袁凯躲过了这一关。

然而朱元璋还是不相信袁凯疯了，便偷偷地派另一使者去看袁凯家里的情况，这位使者刚走到袁凯家的院子里，就被眼前的景象惊呆了，原来袁凯的脖子被铁链锁住，正趴在地上吃狗屎，使者大倒胃口。到这个地步，如果袁凯还没有疯，那就是自己疯了，连忙回去告诉朱元璋。

朱元璋听后一阵恶心，便没有继续追究袁凯。

大家应该知道，袁凯是装疯的，吃狗屎这一招也太狠了，不过袁凯并不是真的吃狗屎，他在都察院的同僚事先得到消息，便告诉了他，他灵机一动，把面粉和上酱料做成狗屎状物体，当饭给吃了，这才躲过了朱元璋的耳目。

古往今来，把一个人逼得不得不装疯卖傻以求存活的例子可谓相当多，就算是不必装疯卖傻，委曲求存的案例也不少。一个人要想达到自己的目的，没有机巧权变是不行的，尤其是所处环境并不尽如人意的时候，就要学会藏身，学会外晦内明。

对于追求功名、以自我价值确立并得到承认的现代人，可能认为这个计谋对我们已经没有什么用处了，因为，现代社会已经是和谐社会了，但在我们现在日益激烈的市场竞争大环境下，商场上的你争我夺又何尝不需要我们明里隐晦暗里精明呢？

20世纪20年代初，正值美国汽车工业全面起飞的时期，各大公司纷纷推出色彩明快鲜艳的新型汽车，满足消费者的不同喜好，因而销路大畅。唯独黑色的福特车保持不变，显得严肃而呆板，销路自然大受影响。

但是，无论对各地代理商，还是对公司内的建议者，福特总是坚决顶回去："福特车只有黑色的。我看不出黑色有什么不好，至少比其他颜色耐旧些。"

市场逐渐艰难，福特开始裁减人员，部分设备停工，将夜班调成白班以节省电费，公司内外人心浮动，连福特夫人也大惑不解，沉不住气了。

福特却笑着说："这是我的袖里乾坤，先不告诉你，等想妥了再说。"他夫人担心公司牢骚太盛，会不会人心不稳。

福特了解夫人的担忧，信心十足地说："我们公司的待遇高于任何企业，他们不会生异心，同时他们知道我是绝不服输的人。相信我不跟风别人生产花色车，一定另有计划。"

有人建议说，至少我们应该有新车在市面上销售，不至于让人说我们公司快倒闭了。

福特诡谲地一笑："让他们说去吧，谣言越多对我们越有利。"人们感到很奇怪，问公司是不是正在设计新车，是不是跟别人一样，会有各种颜色的新车。

福特回答说："不是正在设计，是已经定型了！也不是跟别人一样，而是我们自己的，而且我们的新车一定比别人都便宜！"这就是福特一生中最得意的"杰作"之一——购买废船拆卸后炼钢，从而大大降低了钢铁的成本，为即将推出的 A 型汽车奠定了胜利的基础。

1927 年 5 月，福特突然宣布生产 T 型车的工厂全部停工，这是公司成立二十四年来第一次停止新车的出厂，市面所卖的都是存货。

消息一出，举世震惊，猜测蜂起。除了几个主管领导外，谁也摸不清福特打的是什么算盘。让人奇怪的是，工厂停工后工人并没有被解雇，每天仍然上下班。这一情况引起新闻界的极大兴趣，报上经常刊登有关福特的新闻，助长了人们的好奇心。

两个月后，福特终于透露，新的 A 型汽车将于同年十二月上市。这比宣布工厂停工引起的轰动更大。

年底，色彩丰富、典雅轻便而价格低廉的福特牌 A 型车终于在人们的长期翘首等待中隆重上市，果然盛况空前。它奠定了福特公司第二次起飞的辉煌局面。

福特采用了"外晦内明"的商业计谋，刚开始人们以为福特汽车真的面临倒闭，可实际上，福特先生心里已经有计划了，他在为公司做更好的打算。面对其他各汽车公司以色彩、外形为武器咄咄逼人的态势，福特没有直接应战，而是外晦内明，暗中取胜，抓住质量和价格这两个环节充分做好准备，一旦时机成熟便毫不手软，立即使对手由强变弱，而自己则泰然自若地坐上了霸主的宝座。

最高明的人总能见好就收

中国人历来提倡"不贪为宝"的品德，故有"知足者常乐"之说。知足常乐，这是中国人做人的一种境界，这说明人获得满足和快乐并不那么困难，关键取决于人的精神状况。知足与快乐相关，因为知足后心境才能平和、待人才能慈祥、微笑才能自然。即使一日三餐粗茶淡饭，也能够享受生命。知足者知道什么都要适可而止，见好就收。

会下棋的人都知道：退得妙也就是进得巧。一旦获得成功，就算还有更多的成功，也要见好就收。正常情况下，好运与厄运是交错而来的，这样还可以使人体味先苦后甜，不至于当运气来得太猛太快时接不住，还很可能会摔倒并被撞得七零八落。长期的紧张作战，任何人都会吃不消的，因此，一定要进退有节，有时候后退也许能够比前进达到更好的效果，所以说，巧妙的后退是为了最大限度地实现目标。

萧何、张良和韩信并称"汉初三杰"，前两人，在刘邦战胜项羽后，急流勇退或处处小心谨慎才有善终。只有韩信，由于没有见好就收，成功后不懂得退步，最终成了兔死狗烹的又一例证。

虽然说历史上立下大功而招致杀身之祸的人数不胜数，但韩信却是其中最为典型的一个。

韩信作战确实精于谋划，很有一套，刘邦拜他为大将军也的确很有眼光。但是，刘邦对他始终不太放心，总怕他恃功谋反。而韩信呢？他的军事造诣的确高，而且不知比刘邦要强多少，但混世应变能力却绝对无法与刘邦相比。他始终对刘邦存有幻想，总以为自己为刘邦出生入死，刘邦不会对他下手。他在刘邦面前说话，不仅毫无顾忌，而且也没有分寸。

一天，两人在议论将领优劣时，韩信对刘邦说："您不过能带领十万兵而已。"刘邦追问："那你能领多少兵呢？"韩信自信地说："多多益善。"刘邦一笑："既然你领兵马多多益善，为何为我所控？"韩信老实地回答说："陛下不善领兵，但是却善领将。"

韩信的军事才能令刘邦极度不安。

韩信的好友蒯通才智过人，他觉察出刘邦对韩信的猜忌，曾经劝说韩信及早有所准备，否则后果不堪设想。谁知韩信听了却无动于衷，后来刘邦登基，封韩信为淮阴侯，而没有封王，令韩信甚为不快。接着刘邦出征平叛，韩信赌气不去，给人留下把柄。吕后在平叛之后以韩信谋反之名，派萧何将韩信骗入宫内，假传天子之令，杀了韩信。

当年，是萧何月下把韩信追回并推荐为大将军的，而如今，又是萧何把韩信引诱入宫杀害的，这就是所谓的"成也萧何，败也萧何"。刘邦回到长安后并未责备吕后擅自杀害韩信，可见，刘邦对此是默许的。

人都是有贪性的。猴子为了拿板栗宁可让人抓到也不愿松手。由此可见，见好就收，好自为之，不因贪图一时之富贵而头脑发热，这是做人处世应当注意的，不要像韩信一样，最后落得如此下场。

总之，做人要学会见好就收，学会为自己留条后路，必要时要看准形势，做到急流勇退，即使是一败涂地也总会有一个地方让你舐伤口。因此，只要人的思想能收放自如，那么，什么情况都能理解，什么地方都能找到知足快乐的理由。

"见好就收"，人在处于巅峰状态的时候，很难用如此冷静的心态面对。但只要做到见好就收，就已经达到收放自如的水平了。

会隐藏自己的精明

花要半开，酒要半醉，鲜花盛开娇艳的时候，不是立即被人采摘而去，就是衰败的开始。人生也是如此。当你志得意满时，切不可趾高气扬、目空一切、不可一世，最后落得个聪明反被聪明误的下场。

三国时的周瑜就是这样。

周瑜是庐江舒城人，与孙权的哥哥孙策同年，交情甚密，结为昆仲。

周瑜人生得靓，资质风流，仪容秀丽，才学也无人可比。在曹操屯兵百万虎视长江沿岸的形势下，东吴议降者甚众，军心涣散，若非脱颖而出了周公瑾谋划，东吴早归属曹操了。

却说刘备没了甘夫人，周瑜知道了这个消息，心生一计：将孙权的妹妹嫁予刘备，让刘备入赘，然后把刘备幽囚在狱中，却使人去讨荆州换刘备。等讨得荆州，再对付刘备。

遂派吕范为媒人，往荆州说合。不想诸葛亮听到消息，猜定是周瑜的计谋，遂让刘备应允。并让赵子龙保护刘备，临行前赠予三个锦囊，内藏三条妙计。

东吴那边，孙权之母听得消息，又见刘备一表人才，却真心实意要把女儿许配给他。周瑜和孙权不想此事弄假成真，又不敢公开囚禁和杀害刘备。刘备劝说新娘子去荆州，新娘子应允，于是二人商定去江边祭祖，乘机逃离东吴。周瑜派兵追赶，却被新娘子挡了回去。正当周瑜准备孤注一掷时，却见诸葛亮早在岸边等候，刘备等已登了船，往荆州而去。岸上乱箭射来，船却早已去得远了。刘备的兵望着急急追来的吴兵，大叫："周郎妙计安天下，赔了夫人又折兵！"

周瑜自恃胜券在握，不想遇到了诸葛亮。这"赔了夫人又折兵"，实际上正是周瑜聪明反被聪明误的结果。俗语说，"偷鸡不成蚀把米"，也正是说明耍小聪明不但得不到最终结果，还要做赔本生意，被人耻笑。

《红楼梦》中的王熙凤也算是文学作品中"聪明反被聪明误"的典型。凤姐在贾府算是巾帼英雄，她想尽多种办法，使用种种计谋，想使贾府振兴起来，或者至少维持着大家的局面。然而她的努力、她的鞠躬尽瘁，却换来贾府上下的不满，最终还落得个悲惨的结局。应了书中对她的判词："机关算尽太聪明，反误了卿卿性命。"

其实，聪明是一笔财富，关键在于怎么使用：财富可以使人过得很好，也可能将人毁掉。真正聪明的人会使用自己的聪明，不到刀刃上，不到火候时，不要轻易使用，一定要貌似浑厚，让人家不眼红。耍小聪明往往是招灾引祸的根源。

无论做什么事，都不能耍小聪明。好算计人的小人，无不以为自己聪明、妙算，但因为用心险恶，都不能长久。既要整人，又不便明言，这就注定了败局。设的计见不得人，是奸计；奸计不得人心，天人共愤，自己虽精心谋划，却未免心虚。有一丝透露，就心惊肉跳。且再秘密的事，也总有透风的墙，人家一旦知道了，也就"夫人"赔了，"兵"也折了。一个时时处处事事显露精明的人，不会取得别人的信任、同情、爱护和栽培，因此不会取得真正的、伟大的成功。

用宽容和理解赢得他人的赏识

古人对"善有善报，恶有恶报"的箴言深信不疑。所以，历来成大事者常常以与民为善的道德仁义之心来争取民心，树立信义，获取政治及商业的资本。

《贾谊集》中记述了这样一则故事：楚惠王吃酸菜时见到菜中有一条蚂蟥，就吞了下去。结果肚子痛得不能吃饭。令尹前来问候，说："大王怎么得了这样的病？"楚惠王说："我吃酸菜时见到一条蚂蟥，我想，如果把这事张扬出去，只是斥责庖厨等人，而不治他们的罪，这就违反了法度，那样，今后我自己的威信就无法树立了，如果追究他们的责任，就应诛杀他们。这样，太宰、监食的人，按法律都将被处死，我的心里不忍啊。所以，我生怕菜里的蚂蟥被别人看见，于是就吃了下去。"令尹深深地施了一个大礼，祝贺道："我听说皇天是铁面无私、六亲不认的，只对有德行的人才给予辅佐。大王您大仁大德，正是皇天保佑的人啊，这点小病是不会伤害您的。"当天晚上，楚惠王肚里的蚂蟥真的出来了，而久痛的肚子也完全好了。

封建统治者常常采用示德于人的方式宣扬自己的德政，让百姓群臣能够因为君王的宽仁厚爱而心甘情愿地服从其统治，为其卖命。今天看来，这是一种沽名钓誉的方式，但当时却是一种极为虔诚有效的扩张人脉之术。

曾经有这样一例史实：春秋时，梁国大夫宋就驻守在与楚国交接的边境。梁楚两国在军营周围都种了瓜，各自都记了个数。梁国这边的士兵勤于浇灌，所以瓜长得很好；楚国这边由于浇灌不勤，瓜长得不好。楚国的士兵妒忌梁国的瓜长得好，于是乘黑夜摸到梁国的瓜地骚扰了一通，结果，瓜全部枯死。梁国的士兵得知后请求以牙还牙。宋就说："啊！这是什么话？这是结怨招祸的行为呀。"于是下令梁国士兵悄悄为楚国瓜地浇灌，不要让对方知道。等到楚国的士兵来看瓜时，都已经浇灌过了，这样，瓜长得一天比一天好。楚国的士兵感到奇怪，于是偷偷地观察，这才发现是梁国士兵干的。楚国国王知道这件事情后十分高兴，说："只是骚扰了瓜地，没有其他的过错吧？"楚王对梁国人这样崇敬礼让非常满意，深受感动。于是，派人送去许多金钱表达歉意，并且要求和梁王结交。楚王从此经常称道梁王讲信义、尚礼让。所以，梁、楚两国友好相处，从宋就妥善处理这件事情后便开始了。

老子说过："要用恩德报答对方的仇怨。"说的就是像宋就这样的人。为人不善良，哪里值得效法呢？善良者，终能得到真诚的回报。

鲁迅先生曾经说过："捣鬼有术，也有效，然而有限，所以以此成大事者，古来无有。"（《南腔北调集》）又说："中国人的不敢正视各方面，用瞒和骗，造出奇妙的逃路来，而自以为正路。"（《论睁了眼看》）当"瞒和骗"已经没有力量的时候，等待他们的道路已经不难预料，其家财当然全部充公，后世子孙还背上骂名，直至多少年之后都难以洗脱。这大概就是不善者的愚蠢之处了。可遗憾的是，他的这种做法的承继者总是不以为愚蠢，沾沾自得地胡作非为，官德缺失的起点似乎总是指向法律所严惩的目标。

我们生活在一个越来越不能忽视功利的环境里，但倘若太吝惜自己的私利而不肯为同事让一步路，这样的人最终会无路可走；倘若一味地逞强好胜而不肯接受同事的一丝见解，这样的人最终会陷入世俗的河流中而无以向前；倘若一再地求全责备而不肯宽容同事的一点瑕疵，这样的人最终宛如凌空在太高的山顶，会因缺氧而窒息。人非圣贤，就是圣贤也有一时之失，我们何以不能宽容自己和同事的失误？宽容并不意味着对恶人横行的迁就和退让，也非对自私自利的鼓励和纵容。谁都可能遇到情势所迫的无奈、无可避免的失误、考虑欠妥的差错。

所谓宽容是以善意去宽待有着各种缺点的人。因其宽广而容纳了狭隘，因其宽广显得大度而感人。

苏东坡的《河豚鱼说》讲了这样一个故事：南方的河里有一条河豚，游到一座桥下，撞在桥柱上。它不怪自己不小心，也不想绕过桥柱，反而生起气来，认为是桥柱撞了自己。它气得张开嘴，竖起鳍，胀起肚子，漂在水面上，很长时间一动也不动。飞过的老鹰看见它，一把抓起来，把它的肚子撕裂。这条河豚就这样成了老鹰的食物。

苏东坡就此发议论说：世上有的人在不应该发怒的时候发怒，结果遭到了不幸，就像这条河豚。"因游而触物，不知罪己"，不去改正自己的错误，却"妄肆其忿，至于切腹而死"，真是可悲!

宽容善良不但是做人的美德，也是一种明智的处世原则。常有一些所谓厄运，只是因为对他人一时的狭隘和刻薄，而在自己的前进路上自设的一块绊脚石罢了；而一些所谓的幸运，也是因为无意中对他人一时的恩惠和帮助，而拓宽了自己的道路。

宽容和善良的心境犹如冬日正午的阳光，去融化他人心田的冰雪，变成潺潺细流。一个不懂得宽容他人的人，会显得愚蠢，大概也会苍老得快；一个不懂得对自己宽容的人，会因为生命的弦绷得太紧而伤痕累累，抑或断裂。

把握分寸，过犹不及

人生之中最难把握的两个字就是"分寸"。善把握、有自知、能稳重、持理性，就是待人处世的分寸了。孔子说，"从心所欲不逾矩"，其寓意就是恪守分寸。分寸是一种力量。生活中对分寸把握得很好的人从某种意义上说，他们首先是一个征服并升华了自己的人，是一个悟性高且定力好的人，这并不容易。分寸是一种成熟。植物需要阳光和雨露，人生也少不了学习与历练。或许你年少无知时吃了不少亏，但有失必有得，正如一位哲人所言：受挫一次，对生活的领悟就加深一层；失误一次，对人生的醒悟就增添一分；不幸一次，对世间的人事就冷静一些；磨难一次，对成功的理解就辩证一点。人生借此渐入佳境。

有一次，孔子的弟子子贡在跟孔子谈论师兄弟们的性格及优劣时，忽然向孔子提了个问题："先生，子张与子夏两人哪一个更好些呢？"

孔子想了一会儿，说："子张过头了，子夏没有达到标准。"

子贡接着说："是不是子张要好些呢？"

孔子说："过头了就像没有达到标准一样，都是没有掌握好分寸的表现。"这就是过犹不及的来源。

有一回，孔子带领弟子们在鲁桓公的庙堂里参观，看到一个特别容易倾斜翻倒的东西。孔子围着它转了好几圈，左看看，右看看，还用手摸摸，转动转动，却始终拿不准它究竟是干什么用的。于是，就问守庙的人："这是什么器物？"

守庙的人回答说："这大概是放在座位右边的器物。"

孔子恍然大悟，说："我听说过这种器物。它什么也不装时就倾斜，装物适中就端端正正的，装满了就翻倒。君王把它当作自己最好的警戒物，所以总放在座位旁边。"

孔子忙回头对弟子说："把水倒进去，试验一下。"

弟子们便去取水，慢慢地往里面倒。刚倒一点水，它还是倾斜的；倒了适量的水，它就正立；装满水，松开手后，它就翻了，多余的水都洒出来。孔子慨叹："哎呀！我明白了，哪有装满了却不倒的东西呢！"

子路走上前去，说："请问先生，有保持满而不倒的办法吗？"

孔子不慌不忙地说："聪明要用愚钝来调节；功盖天下，要用退让来调节；威猛无比，要用怯懦来调节；富甲四海，要用谦恭来调节。这就是损益过分，达到适中状态的方法。"

子路听得连连点头，接着又刨根究底地问："古时候的帝王除了在座位旁边放置这种鼓器警示自己外，还采取什么措施来防止自己的行为过火呢？"

孔子侃侃而谈道："上天生了老百姓又定下他们的国君。让他治理老百姓，不让他们失去天性。有了国君又为他设置辅佐，让辅佐的人教导、保护他，不让他做事过分。因此，天子有公，诸侯有卿，卿设置侧室之官，大夫有副手，士人有朋友，平民、工、商，乃至干杂役的皂隶、放牛马的牧童，都有亲近的人相互辅佐。有功劳就奖赏，有错误就纠正，有患难就救援，有过失就更改。自天子以下，各有父兄子弟来观察、补救他的得失。太史记载史册，乐师写作诗歌，乐工诵读箴谏，大夫规劝开导，士传话，平民责谤，商人在市场上议论，各种工匠呈献技艺。各种身份的人用不同的方式进行劝谏，从而使国君不至于在老百姓头上任意妄为，放纵他的邪恶。"

子路仍然穷追不舍："先生，您能不能举出个例子来？"

孔子说："好啊，卫武公就是个典型的例子。他九十五岁时，还在下令全国：'从卿以下的各级官吏，只要是拿着国家的俸禄、正在官位上的，就不要认为我昏庸老朽而丢开我不管，一定要不断地训诫、开导我。我乘车时，护卫在旁边的警卫人员应规劝我；我在朝堂上时，应让我看前代的典章制度；我伏案工作时，应设置座右铭来提醒我；我在寝宫休息时，左右侍从人员应告诫我；我处理政务时，应有人开导我；我闲居无事时，应让我听听百官的讽谏。'他时常用这些话来警策自己，使自己的言行不至于走极端。"

众弟子听罢，一个个心悦诚服地面露喜悦之色。

从孔子的话中，我们明白，在任何情况下，人们都要调节自己，使自己的一言一行合乎标准，不过分，也不要达不到标准。

给自己留有余地

看破浮生过半，半之受用无边，
半中岁月尽幽闲，半里乾坤宽展。
半郭半乡村舍，半山半水田园，
半耕半读半经廛，半士半民烟眷，
半雅半粗器具，半华半实庭轩。
衾裳半素半轻鲜，肴馔半丰半俭。
童仆半能半拙，妻儿半朴半贤。
心情半佛半神仙，姓字半藏半显。
一半还之天地，让将一半人间，
半思后代与沧田，半想阎罗怎见？
酒饮半酣正好，花开半时偏妍。
帆张半扇免翻颠，马放半缰稳便。
半少却饶滋味，半多反厌纠缠。
百年苦乐半相参，会占便宜只半。

——清代学者李密庵《半半歌》

几百年来，人们对这首《半半歌》的评价不一而足：有的人说它很中庸和避世，有的人说它体现了一种豁达的哲学境界。不可否认的是，它很值得体味，很有意思，是一种养生的妙法。这种吃饭吃个半饱，饮酒饮到微醺的境界就是半半主义的境界。很多时候，我们需要给自己的生命留下一点空隙。留有余地，才会有事后回旋的空间。就像两车之间的安全距离——一点缓冲的余地，可以随时调整自己，进退有据。

画家画一幅画，他一定要把留白算在其中，才是好画；印书，天地格、左右空白，不能印满，总要留一点余地；做衣服，同样颜色的布料留一小块，以防衣服破旧以后，可以拿出来缝补；高贵的家庭，三餐煮饭，总要多煮一两碗，准备随时有不速之客来访。做人之道，就是话不可讲满，事不可做绝，钱不可赚尽。

真话固然重要，然而如果说过头了，容易伤害别人的自尊心。每个人都有希望得到别人信任和赞赏的心理。话重复得过多，容易使对方认为自己小看了对方的能力。于是听得不耐烦了，心里起了反感，开始"顶牛"；或者个性弱一些的，来个"非暴力不合作"运动，消极抵抗。正所谓过犹不及，话说得过于绝对，也容易失误，更会降低自己在别人心目中的地位，破坏和谐的友谊。

说在明处，说得恰到好处，见好就收，就可以了。心有灵犀一点通，只要起到提醒对方的作用，就可使对方的聪明才智得到发挥，并且，最为重要的是，对方会体会到一种受尊重的感觉，从而信心十足。再者，一般人都有举一反三的能力，说话者若能起到抛砖引玉的作用，岂不更好。

对朋友的批评也不要过于明确、求全责备，而是要留半句。在不利于朋友接受真话的场合，说了真话对他来说反而是故意使他出丑。这时候最好的办法是旁敲侧击，或者说一半留一半。对方明白过来就行了，不必说得清清楚楚，让其他人听到。

当我们想了解事情的真相时，更要拿捏准确说话的"度"，起到"投石问路"的作用。《鬼谷子·反应篇》中详细阐述了"钓"人之语的详细方法："以无形求有声，其钓语合事，得人实也。其犹张置网而取兽也，多张其会而司之。道合其事，彼自出之，此钓人之网也。常持其网驱之。"就是说，只说一部分话，用含蓄而隐约的语意，而不把话说透，更容易引诱对方说出事实的真相，也就是钓出别人的话。

在处理事情的时候，应该预留"修正"的空间。制订计划时，应该注意切合实际，不要过于理想化。

树与树之间，留有间隔的余地，才能长得更大。预留一些余地给他人，因为"山不转那水在转，低头不见抬头见"，别人犯了错误也要得饶人处且饶人，手下留情，适可而止。即使人有千般不是，也不该斩尽杀绝；分人一杯羹，留一点时间和空间给别人，总会得到别人的回报。这就像建筑法中的建蔽率，只准你盖百分之四十、百分之六十，就是要你留些余地给阳光、空气、庭院，这样才能增加生活的品质。

现代人要时刻保持"半半主义"的弹性。点亮他人，给自己节能，让自己的生活保留一个开放性的结尾，给别人留下广阔的发挥空间，以求得到更为新颖和丰富的结果。凡事留有余地，收放自如，让自己立于不败之地，从而在适度和完美之间找到新的平衡。

直木遭伐，井甘水枯

《庄子》中讲了这样两个故事。

许久以前，有一个人要盖房子，古时候的房子都有一个主干，而作为主干的主要材料为木材，其木材必须又粗又直，否则只要屋顶一架上去，整栋房子将会立即垮掉。原本挑选木材的应该是造房屋的工人，但偏偏房主李四是一个完美主义者，他不相信工人的挑选，所以决定自己到山中去选一棵又粗又直的树，作为他房子的干梁。

他拿着斧头，一个人独自到山中。走着走着，他看到了一棵形状弯弯曲曲的树，在日光的映照下显得非常美丽；但可惜，他是在找房子的干梁，这棵树就用不了……

忽然间，他看到了一棵非常高大雄伟，又直、又粗、又美丽的树，心想这正是他想要的，所以当下就拿起了斧头，一斧又一斧地砍。因为这棵树蛮粗的，所以足足砍了一天一夜才把它砍倒，砍完之后便把它拖回了家。

因为这棵树在山中和其他树生活多年，现在它被砍了，它的同伴非常伤心，于是晚上山中便传出许多怪声。有一棵奇丑无比、形状弯弯曲曲的千年古木开口说："唉，它之所以被砍，是因为它'有才'惹的祸啊。"

另一个故事说：有一天，一个人到他的朋友家去做客，天色将晚，朋友之妻便到厨房去做菜。她想既然是老朋友，当然要做丰盛一点，于是便到鸡笼去看看。鸡笼中只剩下了两只大公鸡，一只每天早晨都准时报时，是一只会报晓的鸡；而另一只呢，则每天早上都睡过头，是一只一点用处都没有的鸡。

妇人会选哪只鸡来杀呢？也许有人会说那只每天准时报晓的鸡，让人在早上都不能好好地"赖床"一下，所以它该杀。但在古代，没有钟表来计时，都是靠每天早上的鸡鸣来报时的，所以妇人选了那一只啥用都没有的鸡来做那天的晚餐。另一只在笼子中的鸡从头到尾完完全全看到了这一幕。它非常痛心，也说了一句："这都是它的'无才'所招惹来的杀身之祸啊……"

　　人生于世，处世之道就是一个"藏"字。有才的人要会"藏锋"；无才的人，则要"藏拙"。收敛锋芒，学会藏拙，才是正确的生存之道。

第二章

深藏不露能屈能伸

"藏巧于拙，用晦而明；寓清于浊，以屈为伸。"这是洪应明在《菜根谭》中传授给世人的高明处世智慧！那些从来不显山露水，却在关键时刻一鸣惊人的人，懂得把自己的机巧和智慧隐藏在笨拙之中，让别人疏于防备，让自己埋头发展。人们在制订理想目标时，往往在实践过程中都会遇到这样那样的困难和挫折，致使你气愤、胆怯、自卑、情绪冲动、灰心丧气、意志动摇等，立志愈高，所遇到的困难就愈大，猝然临之而不惊，无故加之而不怒，这就是大丈夫能屈能伸、乐观坚毅精神的表现。

不露锋芒保护自我

过于聪明的人总想让自己才华尽露。有些才华横溢的人会把微小的才干也显露出来，使它成为自己身上的发光点。如果你既有才华，又知道如何展示，结果一定会一鸣惊人。

在展示才能时不应矫揉造作，因为炫耀易流于自大，自大则不免招致轻视。展示也应以谦虚的态度流露，以免流于粗俗。露才过甚，为智者所不屑，应该是无言胜有言，以漫不经心的态度处之。巧妙地掩饰是赢得赞扬的最好途径，因为人们对不了解的东西都抱有好奇心。不要一下子展露你所有的本领，要慢慢来。赢得一次辉煌的成功后再进行下一次，获得热烈的掌声后再期待更大的成功。

作为一个有才华的人，要做到不露锋芒，既有效地保护自我，又能充分发挥自己的才华，不仅要说服、战胜盲目骄傲自大的病态心理，凡事不要太张狂、太咄咄逼人，更要养成谦虚让人的美德。无论你有怎样出众的才智，都要谨记：不要把自己看得太了不起，不要把自己看得太重要，不要把自己看成是救国济民的救世主，还要收敛起你的锋芒，掩饰起你的才华。

郑庄公准备伐许。战前，他先在国都组织比赛，挑选先行官。众将都跃跃欲试，准备一显身手。

第一个比赛项目是击剑格斗。众将都使出浑身解数，斗来冲去。经过轮番比试，选出了六个人，参加下一轮比赛。

第二个比赛项目是比射箭，取胜的六名将领各射三箭，以射中靶心为胜。前四位有的射中靶边，有的射中靶心。第五位上来射箭的是公孙子都，此人武艺高强，年轻气盛，向来不把别人放在眼里。只见他搭弓放箭，三箭连中靶心。他不屑地瞟了最后一位射手一眼，退下去了。

最后参加比试的射手是个老人，他就是颍考叔，曾劝庄公与母亲和解，庄公很看重他。颍考叔不慌不忙，嗖嗖嗖三箭射出，也连中靶心，与公孙子都打了个平手。

最后只剩下颍考叔和公孙子都两个人比试了。庄公派人拉出一辆战车来，说："你们二人站在百步开外，同时来抢这部战车。谁抢到手，谁就是先行官。"公孙子都轻蔑地看了一眼颍考叔。可谁知跑到一半时，公孙子都脚下一滑，跌了个跟头。等爬起来时，颍考叔已抢车在手。公孙子都拔腿就来夺车。颍考叔一看，拉起车飞步跑去，庄公忙派人阻止，宣布颍考叔为先行官。于是，心高气傲的公孙子都怀恨在心，暗下决心，一定要报复。

在进攻许国都城时，颍考叔果然不负庄公之望，手举大旗率先从云梯上冲上许都城头。眼见颍考叔要大功告成了，公孙子都妒火中烧，竟抽出箭来，向颍考叔射去，颍考叔被射了个"透心凉"，从城头栽了下来。英勇的颍考叔就这样死在了小人的暗箭下。

锋芒太露而惹祸上身的人不在少数。打江山时，各路英雄会聚一人麾下，锋芒毕露，一个比一个有能耐。主子当然需要借这些人的力量实现自己称霸天下的野心。可是，一旦天下已定，这些虎将功臣便成了皇帝的心病，让他时时感受到威胁，所以开国初期滥杀功臣之事不足为怪。韩信被杀，明太祖火烧庆功楼，无不如此。再说诸葛亮。刘备死后，诸葛亮好像没有大的作为了，不像刘备在世时那样运筹帷幄，满腹经纶，锋芒毕露。为什么呢？在刘备这样的明君手下，诸葛亮是不用担心受猜忌的，因此他可以尽力展现自己的才华，辅助刘备打下江山。刘备死后，阿斗即位。刘备当着群臣的面说："如果这小子可以辅助，就好好辅助他；如果他不是当君主的材料，你就自立为君算了。"诸葛亮顿时冒了虚汗，手足无措，哭着跪拜于地说："臣怎么能不竭尽全力，尽忠贞之节，一直到死而不松懈呢？"说完，叩头流血。刘备再仁义，也不至于把国家让给诸葛亮吧？所以，诸葛亮一方面行事谨慎，鞠躬尽瘁，另一方面则常年征战在外，以防授人"挟制"的把柄。这是韬晦之计，收敛锋芒是诸葛亮的大智慧。

你不露锋芒，可能永远得不到重任；你锋芒太露却又易遭人陷害。当你施展自己才华的同时，就埋下了危机的种子。所以，才华显露要适可而止。

深藏你的拿手绝技，你才可永为人师。因此你演示妙术时，必须讲究策略，不可把你的看家本领都通盘托出，这样你才可长享盛名，使别人永远唯你马首是瞻。在指导或帮助那些有求于你的人时，你应激发他们对你的崇拜心理，要一点点地展示你的才华。含蓄节制是生存与制胜的法宝。

深藏不露不让别人窥出底细

没有喜怒哀乐的人并不存在，他们只是不把喜怒哀乐表现在脸上罢了。而在人际交往中做到这一点是十分重要的。所以，要把喜怒哀乐藏在口袋里，别轻易拿出来给别人看。换句话说，不轻易表露自己的观点、见解和喜怒哀乐，被称为"深藏不露"，这是用以控制对手的一种重要手段。有些人喜欢把自己的思想感情隐藏起来，不让别人窥出自己的底细和实力，这样对手就难以钻空子，否则就容易暴露自己的真实面目。

唐代奸相李林甫口蜜腹剑，善于隐藏自己的真实意图，城府极深，具有笼络驾驭部下的过人本领。

唐玄宗宠信重用番将安禄山，此人表面上憨厚忠直，骨子里却狡诈多端。安禄山想方设法讨取了唐玄宗和杨贵妃的欢心，权位日高，渐渐不再把朝臣们放在眼里。

一日，李林甫召见安禄山。安禄山到李府之后，长揖拜见，端坐在客位上，显出一种盛气凌人的架势。李林甫也不动声色。安禄山见李林甫目光深邃，咄咄逼人，顿时盛气减了一半。这时，李林甫告诉下人宣召王珙大夫进见。王珙进屋之后，迈着小碎步走上前，规规矩矩地对李林甫大礼参拜，诚惶诚恐，好像很怕说错一个字。当时王珙在朝廷中的实际地位仅次于李林甫，从来都和安禄山平起平坐。安禄山见王珙对李林甫如此，不由得感到有些窘迫。王珙走后，李林甫才和安禄山说话。他把安禄山所作所为的意图分析得十分透彻，全说到安禄山的心坎上了。安禄山大惊，想不到自己心灵深处的秘密让李林甫点出来了，顿时汗流浃背。此时，李林甫却脱下自己身上的袍子给安禄山披上，用好话把他安慰一番。从此，安禄山虽然经常轻慢别的朝廷大臣，却非常惧怕李林甫。每次来京城，他都要小心谨慎地拜谒李林甫。在范阳时，每有使者从京城归来，安禄山问的第一句话就是李林甫对他做何评价。其实李林甫早已看出安禄山有反心，但觉得安禄山取代不了自己的相位。只要生前安禄山不影响他的荣华富贵，至于唐朝如何，他才不放在心上！所以在李林甫死前安禄山始终未敢叛乱。

李林甫晚年与杨国忠争权，因为杨国忠背后有杨贵妃撑腰，所以杨国忠略占上风。当时李林甫年老病重，一次，杨国忠听说李林甫生命垂危，心中暗喜。为了探听虚实，杨国忠亲往李林甫家中问候，却见李林甫虽病容憔悴，目光还是那么尖锐，不由自主地腿就软了。李林甫见状，说："林甫就要死了，我死后你必当宰相，以后我的家事就要拖累你了。"杨国忠早就领教过李林甫的厉害，惧怕李林甫设计诈骗，所以半天不敢说话。李林甫城府之深由此可见一斑。

事实上，喜怒哀乐是人的基本情绪，这世界上应该没有人真的心如止水，没有喜怒哀乐吧！如果一个人没有呈现喜怒哀乐，这种人其实挺可怕的，因为你不知道他对某件事的反应、对某个人的观感，让人面对他时，有不知如何应对的慌乱。无论何人，多多少少都练就了察言观色的本事，他们会根据你的喜怒哀乐来调整和你相处的方式，并顺着你的喜怒哀乐来为自己谋取利益。你会在不知不觉中，意志受到别人的掌控。如果你的喜怒哀乐表达失当，就会招来无端之祸。因此，高明的掌权者一般都不随便表现出这些情绪，以免被人看透弱点，予人以可乘之机。越是精于权术的人，城府就越深，对保护自己就越有利。

做人要懂得伪与诈

我国古代哲学家荀子在论人性时说："人之性恶，其善者伪也。"这句话的意思是，人的性质如果看来是善的，那是他努力装扮成这样的，人性本来就是恶的。这就是著名的性恶论，同时也告诉人们做人要有"心机"，必须适度地伪装自己，以防被恶人所害。

人性究竟是善还是恶，绝非三言两语能够说清楚。但是在现实生活中，与人打交道时的确须谨慎小心，对人不妨考虑一些防范对策，以防万一，否则事情发展到糟糕程度时就晚了。

一般人都不喜欢心眼太多的人。然而，在现实社会里，欺骗、狡诈的大有人在。大到国家之间的争端，小到个人之间的利害关系，这种欺诈无处不在。因此，与其说欺瞒他人的行为太卑鄙，倒不如说吃亏上当的人太单纯、太大意。

人生从某种角度看也是一场战争。在这种战争中，为了求生存，必须有慎重的生活方式和态度，这样才不至于上某些人的当，吃大亏。当然，为人并不需要去欺骗别人，但是，社会上鱼龙混杂，到处都是陷阱、圈套，必须小心提防。所谓"害人之心不可有，防人之心不可无"。

你见过乌龟在遇到天敌时是如何保护自己的吗？当人开始抓乌龟时，这个家伙便将头和爪子全缩进了壳内，它这样装死足足几分钟后才慢慢将头伸出来张望，等敌人走了，它才敢爬动。也许，你也听说过兔子蹬鹰的故事，鹰的眼睛锐利，在高空中便能看清地面上的兔子，而此时兔子并不慌忙，它顺势打个滚，装作死去，鹰一个俯冲下来，心想这下可抓住兔子了。可是它打错算盘了，当鹰到达地面伸开双爪时，兔子一跃而起双爪猛抓鹰的胸肚部位，鹰悲鸣几声，带着伤痕逃离了地面。

这两例都是发生在自然界里的普通故事，也是两类不同的以欺诈对手而求生存的实例。在博弈中，人人都想战胜对手，当敌我力量悬殊或势均力敌时，用反间计或欺诈对方，会使对方上当，处于你的摆布之中，而此时的你，已成了狩猎的猎人了。当人的力量处于优势时，也不妨采用一下欺诈的战术，这样会使你事半功倍，达到唾手可得的目标。总之，欺诈是一种计谋。

竞争的特性也决定了欺诈的必然性，竞争使得我们不得不谨慎行事，竞争也使得我们每个人必须以自我为中心，必须永远走在同伴的前面。优胜劣汰适合竞争中的每一个人。

欺诈有很多种，常见的有下列几种：

利用人性的弱点，以利诱人。人是爱逐利的，无论大利小利，人都不会放弃，当然也会考虑自己的成本和风险。但在更多的情况下，很多人是不怕风险而敢于铤而走险的。而这时，最好的办法就是给予利而诱之。世上任何给予都不是白给的，没有免费的午餐，以利诱人，比较常见而且也易成功。

声东击西，制造假象。这种方法就是要在对方颇为迷惑之时，故意发布一些让对方上当的信息，当然这些信息要让敌人得之不易或认为准确可靠而极其有用，才适用。要达到"假作真时真亦假"的境界，这样假象也便被认为是真的了。

诈死和装败也是很好的战术。若诈得像，装得真，则可以认清对方的判断，制造对方判断的难度，并使其做出错误的判断而落入陷阱。助长对方的傲气，使其放松警戒；而你则趁此寻求生的契机；另外还可以解除对方对你的压力，因为他巴不得解下心头的重担，你的诈死装败也正好制造了他心理上的借口。

不泄露自己的底牌

"不露"与"露"的关系相当微妙,把握不好就会因小聪明而失败。

有人说,做事犹如打麻将,因为打麻将的秘诀在于尽量伪装自己,使对方猜不出自己手上的牌。所以,愈是高手,愈能伪装自己,同时也愈能识破对方的伪装。

打麻将有"方城之战"之称,形容它和战争一样,需要运用机智和战略来战胜别人。所以,打麻将的时候,一旦被对方看穿你的底牌,就必输无疑。

有些人打麻将,使用诱敌之策,引诱对方打出自己想要的牌,这种战术十分高明,可是一旦被人识破意图,就不能收到效果。这种虚虚实实的玩法,就构成麻将对于人们莫大的吸引力。

装傻是用来隐藏的最好方法,这样可以使对方疏于防范,有利于自己实施各项计划。

可是,常用这种方法,或用这种方法的手法不高明,就容易露出破绽。

"小心弄巧成拙",这是一位麻将高手提出的警告。为了透视对方心理,的确有必要把自己的身份隐藏起来。否则,万一不小心被对方识破,那可是得不偿失了。

不泄露自己的底牌,目的在于使对方对自己没有防备之心,而说出真心想说的话。可是,如果对方可能因为你不泄露底细而心生怀疑的话,反而会弄巧成拙。所以,必要的时候,也不妨露出自己的底细,好使对方安心。

在挖掘别人身世和探听他人秘密的时候,就可以采取这种方法,先把自己的身世和秘密告诉对方,使他觉得应该坦诚相向,于是也把自己的身世和秘密和盘托出,这就达到了以退为进的透视目的。

这种方法用在比赛、打赌方面,也很有效。如果一方的阵容完备到无隙可乘,另一方就可能集中力量严阵以待。如果故意显示一点破绽,让对方感觉有制胜的把握，他就会掉以轻心，这正中我方下怀。

因此，不善于隐藏自己的人，干脆亮出自己的底细，使对方由于放心而解除对你的警戒心理，那么你就可以借着这个机会，窥探出你想知道的内幕情形。

台湾广告界有位能人段先生，他能使得与他初次见面的人都对他口服心服，诀窍就在于他对任何人都能坦诚相向，使得每一个和他谈过话的人，都有相见恨晚的感觉。于是，谈起话来对方也就推心置腹、不加隐瞒了。

碰到义愤填膺、前来质询的访客时，段先生往往先发制人，先将自己种种不顺利的情形告诉对方，使得来人逐渐消除敌意而产生同情的心理。他利用这种方法把冤家变成朋友的例子，还真不少呢！

真正聪明的人会在"不露"与"露"之间适时出手，从而给对手一个措手不及。

要学会藏身等待机会

一般来说，人性都是喜直厚而恶机巧的。而胸怀大志的人，要达到自己的目的，没有机巧权变，又绝对不行，尤其是他所处的环境并不尽如人意，那就更要既弄机巧权变，又不能为人所厌恶，所以就有了鹰立虎行如睡似病，藏巧用晦的各种做人的方法。

有一种正面的"拙行"，如唐初的重臣李勣。李勣本是李密的部下，后随故主投于李渊父子的麾下，此时天下大势已趋明朗。李勣懂得只有取得李渊父子的绝对信任才有前途，于是他把"东至于海，南至于江，西至汝州，北至魏郡"的所据郡县土地人口图，当着李渊的面献给李密，说既然李密已决心投降，那我所据有土地人口就一大半应随主人归降，由主人献出去，否则自献就是自为己功、以邀富贵而属"利主之败"的不道德行为。

李渊在一旁听了，认为李勣能如此尽忠故主，必是一个忠臣。李勣归唐后，很快便得到了李渊的重用。但是李密降唐后又反唐，事未成而"伏诛"。

一般的人到了这个时候，犹恐避嫌过晚，但李勣却公然上书，奏请由他去收葬李密——唯其"公然"，才更显出他的"高风亮节"，如果偷偷摸摸，只能产生相反的效果。"勣服衰经，与旧僚使将士葬密于黎山之南，坟高七仞，释服而散，朝野义之。"（《旧唐书》）这其实就是做给活人看的。表面看这似乎有碍于皇帝的面子，是李勣的一种愚忠，实际上李勣早已料到这一举动将收到以前献土地人口同样的神效。果然"朝野义士"公推他是仁至义尽的君子。从此，李勣更得朝廷推崇，恩及三世。

李勣取的是一种"负负得正"的心理效应，迎合了人们一般不信任直接面对自己的甜言蜜语，而相信他与别人相处时表现出来的品质——即侧面观察的结果，尤其是迎合了人们普遍地喜爱那种脱离于常人最易表现出的忘恩负义、趋吉避凶、奸诈易变的人性弱点，而表现出来的具有大丈夫气概的认同心理。看似直中之直，实则大有深意，是"藏巧于拙"做人成功的典型。

李白有一句耐人寻味的诗，叫"大贤虎变愚不测，当年颇似寻常人"，则揭示了另一种意义上的保藏用晦的做人方法。这是指在一些特殊的场合中，人要有猛虎伏林、蛟龙沉潭那样的伸屈变化之胸怀，让人难以预测，而自己则可在其间从容行事。

元末的朱元璋在攻占了南京后，因为群雄并峙，为了避免因崭露头角而为众矢之的，他采用著老朱升的建议，以"高筑墙，广积粮，缓称王"的策略赢得了各个击破的时间与力量，暗度陈仓，最后吞并群雄，当上了大明开国皇帝。

事成于密，败于疏，做到在众人眼皮底下暗度陈仓，乃是做人的上乘学问。

让自己变得高深莫测

人们总是在努力判断和了解对手行动背后的动机，所以一旦做出一个超乎常理的行动，就会让他人落居守势，因为人们对自己不了解的人和事常常表现出心慌意乱，不知所措。

美国内战期间，杰克森作为南军将领，率领的一支由四千六百人组成的部队，让北军将领麦克莱伦率领的九万士兵对他们一点办法都没有。

在北军准备围攻南方政府的首都里奇蒙的时候，按说南军一定会采取一些行动的，但是杰克森对北军的行动全然不顾，只是在申南多河谷打一枪换一个地方。

杰克森的举动实在令北方将领迷惑不解。致使麦克莱伦延迟了进攻里奇蒙的时间，就在他们想要弄清楚原因的时候，南军的援军很快就赶到了，南方面临的危险也因此而解除。

每当杰克森面对兵力占优势的军队时，经常使用这套战略。他说："这样往往能够以少胜多，以弱胜强。"

智慧通达之人通常是高深莫测的，但这并不是说处于劣势的人就不能采用这样的策略。恰恰相反，处于劣势的人如果能充分利用这一策略，将会产生意想不到的效果。尤其在寡不敌众的时候，就更应该让自己的行为难以预测，这样会误导你的对手，让他以为你另有企图，从而产生错误的判断。

突变与不可测最让人担忧，因为它尽在预料之外，因此常常困扰人心。不可预测的事有两方面的功用：其一，它是令人畏惧的武器，那些企图危害你的人会因此离你而去；其二，它可以让你周围的人为你心动，也会对你更感兴趣。他们会时常称赞你，对你的言论和行为做各种猜测和解释。这时，你在他们心中的分量就会加重，同时会得到更多的敬重，扩大你的影响力。墨守成规的人总是平凡无奇，若想出人头地就要出其不意地展现自己，让自己显得高深莫测。

做人不能精明露骨

人一生不应对什么事都斤斤计较，该糊涂时装糊涂，该聪明时就要聪明。有个"吕端大事不糊涂"的典故，说的正是小事装糊涂，而在关键时刻，才表现出大智大谋。我国古代这样的大智若愚者是很多的。

宋代宰相韩琦以品性端庄著称，遵循着得饶人处且饶人的处世准则。他从来没有因为有胆量胆识而被人称赞过，可是在关键时刻表现出来的神通广大，却无人可比。

担任大内都知职务的任守忠为人奸邪，经常在皇帝和太后间挑拨离间。为了除掉任守忠，韩琦想到了一个办法。一天，韩琦出了一道空头敕书，让参政欧阳修、赵概签了字。坐在政事堂，用未经中书省而直接下达的文书把任守忠传来，让他站在庭中，指责他说："你的罪过应当判死刑，现在贬官为蕲州团练副使，由蕲州安置。"韩琦拿出了空头敕书填写上，派使臣当天就把任守忠押走了。

要是换上爱耍弄权术的人，任守忠就不会轻易就范。因为他相信一贯诚实的韩琦的说法，不会怀疑其中有诈。因此，韩琦轻易除了危害政局稳定的任守忠，却仍然不失忠厚。所以大智若愚是为人的最高境界，也是一种做人的谋略。

晋代人谢万，是谢安的弟弟。谢万曾经和蔡系争一个座位，蔡系把谢万从位子上推了下去。谢万慢慢站起来，拍拍衣服，边坐回座位上边说："你差点儿弄伤我的脸。"蔡系说："本来就没有考虑到你的脸。"当时两人都没有把这件事放在心上，谢万也以隐忍得到了众人的称赞。

韩琦、谢万都是老谋深算之人，在处理事情的过程中，受侮受损的一方都没有为自己的难堪而发怒，记恨于心。相反，他们都表现出宽宏大量、毫不计较的美德和风度。

大智若愚，也可理解为小事愚、大事明。所谓愚，是指有意糊涂。该糊涂的时候，就不要顾忌自己的面子、学识、地位、权势，一定要糊涂。而该聪明、清醒的时候，则一定要聪明。由聪明而转为糊涂，由糊涂而转为聪明，则必左右逢源，不为烦恼所扰，不为人事所累。这样，你就会拥有一个幸福、快乐、成功的人生。

所以说，做人不要过于"精明"，太精明露骨会遭人讨厌。因为人与人情感的沟通和交流是心的交流，如果做人过于精明露骨，就不能在交际方面获得人心。对人，不必精明；对朋友，傻点更好。交际中的"精明"容易把应该纯朴真挚的关系，人为地弄复杂，使人感到刁钻奸猾，敬而远之。这样精明的结果，只能使自己成为孤家寡人。

做人精明露骨，实则是一种小聪明。

有时，聪明反被聪明误，引火烧身。三国时代的杨修，可谓绝顶聪明，但他的"聪明"过了头，才智太显露，结果引起了曹操的忌恨，将他杀掉。

人和人的正常交往是平等的，如果你举止、言辞随便，说话居高临下，只能孤立自己，招致他人的鄙夷。

做人要精明，但不要过于精明，否则只会令人敬而远之，得不偿失。

喜怒不形于色

　　任何人，只要有一定的社会阅历，便多少会练就一些察言观色的本事，他们会根据你的喜怒哀乐调整和你相处的方式，进而顺着你的喜怒哀乐来为自己谋取利益，这本无可厚非。可是谋取利益的另一面，有时却是对你的伤害，就算不是伤害，也让你在不知不觉中，意志受到了别人的控制。

　　一听到别人的奉承就面有喜色的人，有心者便会以奉承来与他接近，向他提要求，甚至向他进行"软性"的勒索；一听到某类言语，或碰到某种类型的人就发怒的人，有心者便会故意制造这样的言语，指使这种类型的人来激怒你，让你在盛怒之下丧失理性，迷乱智慧，失去风度；一听到某类悲惨的事，或自己遭到什么委屈，就哀感满胸，甚至伤心落泪的人，有心者了解你内心的脆弱面，便会以种种手段来博取你的同情心，或故意打击你情感的脆弱处，以达到他的目的；一个容易因某事就"乐不可支"的人，有心者便可能提供可"乐"之事，好迷惑他，以遂行其意图。

　　说起来，把喜怒哀乐装进口袋，也有诸多优点：

　　把喜怒哀乐由情绪中抽离，你便可以理性、冷静地看待它，思索它对你的意义，进而训练自己对喜怒哀乐的控制，达到该喜则喜、不该喜则绝不喜的地步，也就是"不以物喜，不以己悲"的境界。

　　喜怒不形于色，变成一个无缝的"蛋"，是为了免受苍蝇的叮咬。

巧施离间而智取胜利

信息是一个变量，既然如此，就应该把握住这个特点，不断调整自己的信息策略，让对手对自己的信息掌握跟不上自己的变化。只有这样，才能保证对手永远无法知道自己下一步将要如何行动；也只有这样，才能一方面掌握对手的信息，另一方面隐藏起自己的信息和真实意图。当然，这有点不按照规律出牌的意思，而这恰恰是十分有效的信息博弈方式。

周赧王五十五年（公元前260年），秦军大举北进赵国。老将廉颇率兵迎敌，秦、赵两军相持于长平两年，仍然难分胜负。秦国君臣将士个个焦躁万分，却都束手无策。

范雎早已清醒地认识到问题的严重性，秦昭王向他问计，作为出色的谋略家，他很快找到了问题的症结。他深知秦军若想速战速决，必先设计除掉廉颇。于是，沉吟片刻之后，他向昭王献了一条反间计。此时，秦国与赵国的信息博弈便开始了。

范雎派一心腹门客，从便道进入赵国都城邯郸，用千金贿赂赵王左右亲近的人，散布流言道："秦军最惧怕的是赵将赵奢之子赵括，他精通兵法且年轻有为，如若为将，恐难胜之。廉颇老而怯，屡战屡败，现已不敢出战，不日即降。"

赵王闻之，将信将疑。派人催战，廉颇仍然执行"坚壁"之谋，不肯出战。赵王对廉颇先前损兵折将早已不满，今派人催战，廉颇却又固守不战，于是轻信流言，拜赵括为上将，增调二十万精兵，前往替代廉颇。

赵括虽为名将赵奢之子，也熟读兵法，但只是纸上谈兵，不知变通，而且骄傲自大。

赵括来到长平前线，将廉颇往日的约束都改了，一时弄得全军上下混乱不堪。范雎探知赵国已入圈套，便与昭王奏议，暗派武安君白起为上将军，火速驰往长平，并约令军中："有敢泄露武安君为将者斩！"

白起可是久经沙场的名将，一向能征善战、智勇双全。范雎之所以秘行其事，目的就是使敌军松懈，以求出奇制胜。两军交战，白起佯败，赵括大喜过望，率兵穷追不舍，结果被秦军左右包抄，断了粮草，团团围困于长平。秦昭王闻报，亲自来到长平附近，尽发农家壮丁，分路掠夺赵人粮草，遏绝救兵。赵军陷于重围达四十六天，粮尽援绝，士兵自相杀戮以取食，惨不忍睹。迫不得已，赵括把全军分为四队，轮番突围，均被秦军乱箭击退，赵括本人也被乱箭射死。

长平一战，秦军获得了空前的胜利，俘虏赵兵四十万，全部坑杀。这次战役，使赵国从此一蹶不振。

率兵打仗不仅是力量的交锋，也是智力的对决。为了胜利，每一方都会设下各种各样的陷阱，若稍有不慎，便会死无葬身之地。赵王正是中了范雎的离间计，派赵括领兵。在信息上又输给了秦国，赵国不败才怪呢！

用反间计除对方强将

古话说："用人不疑，疑人不用。"统兵打仗，敌我交锋，若是连自己的人都不信任，便给了敌人可乘之机。历史上，因为中了敌人的反间计而失去良将的事数不胜数。项羽就在这方面吃了大亏。

韩信在北方连连得手，项羽正亲率大军围攻荥阳。刘邦命陈平对项羽用计。刘邦取黄金四万两，交与陈平，离间项羽与范增、钟离眛的关系。

陈平依计办理只两三天，楚军中便流言四起，说是钟离眛等因功多赏轻，不得分封，将要联汉灭楚。项羽听到后果然起了疑心，不再信任钟离眛等人，只对范增依然如故。范增建议速攻荥阳。项羽便亲督将士，把荥阳团团围住。刘邦见荥阳已难固守，便派人去楚营求和。于是，陈平便借此机会又设下了一个圈套来骗楚回使。

楚使进城，去见刘邦。刘邦按陈平所指点的，佯装醉酒。陈平将楚使送到客馆，立即告退。楚使坐了片刻，见一班仆役抬了牛羊鸡猪和美酒佳肴向厨房走去，正思忖间，陈平走了进来，向楚使询问范增的情况，并问有无范增的亲笔信。楚使道："我是奉项王使命而来的，并非亚父所派。"陈平听了，十分惊讶，遂不再多说，起身告辞。不一会儿，就见有人跑到厨房，命仆役们将所有物品全部抬走，并自言自语道："既然不是亚父派来的，怎配享受这样丰盛的宴席。"楚使更觉纳闷。直到晚饭时分，才有人来。楚使见菜中只有蔬食，并无鱼肉，且饭馊酒酸，不禁心中大怒，当即不辞而别。

楚使一口气跑回楚营，将所见所闻全部报告给项羽。项羽大怒，左右忙替范增排解，项羽这才强忍怒气，不再发作。

范增对这些情况一无所知，仍一门心思要为项羽设法灭汉。他见项羽为了议和而放松了攻城，心中非常着急，便去见项羽，督促其从速攻下荥阳，如果再让刘邦逃脱，将后悔晚矣。项羽被他这样一说，忍不住气愤，便勃然大怒道:"你叫我速攻荥阳,但只恐不等攻下荥阳,我的命却被你送掉了!"
范增一时摸不着头脑,他忽然想到,这必定是有人进谗言的缘故,因而忍耐
不下,朗声说道:"愿大王好自为之,休中了敌人的奸计。我年已衰老,今请
求让我归葬乡里算了。"说完,掉头径自而出。项羽也不做挽留。

一个年过七十的老人,哪能经得起这样的打击,结果未到彭城便背发恶
疮而死。

一个离间计竟能轻而易举地除掉项羽的一名谋臣,刘邦的计谋可谓毒矣。
事实上,我们可以把刘邦与项羽的这场战斗看作一个信息博弈的过程。在这
场博弈中,刘邦本处于弱势,但他采用了陈平的反间计,传递给楚使虚假信
息,让项羽觉得范增已经不忠于他,让其自折羽翼,然后逐步取之。一旦被
对方抓住致命的弱点,败局基本已定。

装疯远祸的做人心计

中国古代有一种幕府制度，一些权势之家将许多人才收到自己的幕府之中，作为自己的智囊团，有些人才便是通过这种途径脱颖而出的，然而也有些人因此葬送了自己的前程。关键是要选择好豪门权势之家。若是助纣为虐，即使对方权势再高，也要放弃，因为他带给你的不是一展才华的空间，而是一个火坑。你若跳下去，就很难再出来了。

明朝文学家、书画家唐寅，字伯虎。关于他一生的风流韵事有很多传说，这位江南才子不仅能书善画，最难得的是他能够在险恶的政治斗争中，运用计谋保全自己跳出火坑。

明武宗时，宁王见皇帝整日沉于游乐，不理朝政，就认为有机可乘，欲图谋不轨。他特地在城东南建立了一座阳春书院，并且用重金到处招揽人才，打算发展自己的势力，为起兵夺取皇位做准备。

宁王久闻唐伯虎的才名，特派人带重金去苏州礼聘他。唐寅以为宁王是爱才之人，是礼谦下士的贤王，所以就欣然前往。到了南昌以后，宁王以别馆居之，待为上宾。但是，唐寅渐渐感到气氛不对。宁王经常强抢民间田宅美女，豢养一群强盗打家劫舍。唐寅见他的所作所为，料定他日后必会谋反。他感到宁王府是个火坑，必须尽快想办法脱身，否则晚矣。

唐伯虎采用了一个锦囊妙计——佯装癫狂。从此，他饮食起居一反常态。他借着酒醉，当面脱去衣服，赤身裸体，使人无法接近。并且无端哭闹，捡吃垢物。宁王得知后把他撵出了王府。这样，唐寅得以脱身。

宁王事发后，那些他礼聘为上宾的名士们，都被列为逆党。唯有唐寅没有受到株连。他在苏州桃花坞筑室而居，颐养天年。

大功重赏中勿妄自尊大

在大功重赏面前，或身居高位之后，要善于"藏巧"，切莫锋芒太露，妄自尊大，以免功高震主，引火烧身。

一个人拥有高智商和极强能力，固然是件好事，可以说，这是上天赐予的良好天赋。有了它，便可以在竞争社会中如鱼得水，游刃有余。

然而，由于事物的复杂多样、环境的不断变异，在某些时候，利与弊会不知不觉地转换。这样，就要求我们必须随时以清醒的头脑注意了解自己，掌握对方和周围环境，掂量你的利和弊，而不是一味地按以往的经验办事。

《阴符经》说："性有巧拙，可以伏藏。"它告诉我们，善于伏藏是制胜的关键。一个不懂得伏藏的人，即使能力再强、智商再高也难以战胜对手，甚至还会招来杀身之祸。

伏藏又可分为两层：一是藏拙，这是一般意义上的伏藏，也是最常用的，藏住自己的弱点，不给对方可乘之机；而另一种，也是更高明的，是"藏巧"。

下面这两个故事就是"藏巧"的范例。

汉高祖时，吕后采用萧何之计，谋杀了韩信。此时，高祖刘邦正带兵征剿叛军，闻讯派使者还朝，封萧何为相国，加赐五千户。

百官都向萧何祝贺，唯有陈平表示担心，暗地里对萧何说："大祸将至啊。皇上在外作战，您掌管朝政。您没冒危险，皇上却增加您的俸禄和护卫，这并非宠信。如今淮阴侯（韩信）谋反被诛，皇上心有余悸，他也有怀疑您的心理。我劝您还是辞掉封赏，拿出所有家产去辅助作战，只有这样才能打消皇上的疑虑。"

一语惊醒梦中人。萧何依计而行，变卖家产犒军，刘邦果然高兴，疑虑顿减。

这年秋天，黥布谋反，高祖御驾亲征，此间数次派使者打听萧何的情况。回报说："相国正鼓励百姓拿出家产辅助军队征战。"

这时，有个门客提醒萧何："您身居高位，不可再得皇上恩宠。可自您入关以来，一直得到百姓拥护，如今已有十多年了，皇上数次派人问及，其真正原因是害怕您受到关中百姓的拥戴。现在您何不多买田地，少抚恤百姓，来自损名声呢？皇上必定会因此而感到心安的。"

萧何认为有理，便依计行事。

高祖得胜回朝，百姓拦路控诉相国。高祖不但没有生气，反而异常高兴，没对萧何进行任何处分。

比起萧何来，秦将王翦更胜一筹。

战国末期，秦国老将王翦率领六十万秦军讨伐楚国，秦始皇亲自到灞上为王翦大军送行。王翦请求秦始皇赏赐给他大量土地宅院和园林。

秦始皇不以为然地说："老将军只管领兵打仗吧，哪里用得着为贫穷担忧呢？"

王翦回答说："当国王的大将，往往立下了赫赫战功，却得不到封侯。因此，趁着大王还宠信我的时候，请大王赏给我良田美宅，好作为我子孙的家产。"

秦始皇听后觉得这点要求实在是微不足道，便一笑了之，不置可否。

王翦带领军队进入函谷关，还接连几次派人向秦始皇提出赏赐地产的要求。

王翦手下的将领们不解，便问他说："将军如此三番五次地恳请田宅，不是做得太过分了吗？"

王翦答道："一点儿也不过分，秦王生性好疑，现在他把秦国的军队全部让我统领，我不借此机会多要求些田宅，为子孙们今后的自立做些打算，难道还要等他怀疑我有二心吗？"

第二年，王翦率领的军队攻下了楚国，俘获楚王负刍。秦始皇十分高兴，满足了王翦的请求，赏给他不少良田美宅、园林湖地，并封他为武成侯。

保存你的能量是一种藏巧。在大多数的情况下，才不可露尽，力不可使尽。若有知识，也应适当保留。永远保存一些应变的能力，适时救助比全力以赴更珍贵。深谋远虑的人总能稳妥地驾驭航向。从这个意义上说，一半多于全部，可谓一句至理名言。

不要轻易表露自己的真实意图

袒露自己的内心犹如一封在众人面前摊开的信。要有潜藏隐秘的城府，巨大的空间和微小的沟壑均可让重要的事沉淀深藏。含蓄来自自我控制，能够保持缄默才能取得真正的胜利。

三十五岁的俾斯麦，担任普鲁士国会的代议士，这是他政治生涯的转折点。当时奥地利是德国南方强大的邻国，曾经威胁德国，如果企图统一，奥地利就要出兵干预。

俾斯麦一生都在狂热地追求普鲁士的强盛，他梦想着统一德国。他是个好战分子，他最著名的一句话就是："要解决这个时代最严重的问题并不是依靠演说和决心，而是依赖铁和血。"

但是令人惊异的是，这样一个好战分子居然在国会上主张和平。其实这并不是他的真实意图。

他说："没有对于战争的后果清醒的认识，却执意发动战争，这样的政客，请自己去赴死吧！战争结束后，你们是否有勇气承担农民面对农田化为灰烬的痛苦？是否有勇气承受身体残废、妻离子散的悲伤？"

在国会上，他盛赞奥地利，为奥地利的行动辩护，这与他一贯的立场背道而驰。俾斯麦反对这场战争有别的企图吗？那些期待战争的议员迷惑了，其中好多人改变了主意。最后，由于俾斯麦的坚持，终于避免了战争。

几个星期后，国王委任他为内阁大臣。几年之后，俾斯麦成了普鲁士首相，这时他对奥地利宣战，统一了德国。

为什么当初俾斯麦赞成和平，而后来却主张战争呢？因为他意识到普鲁士的军力赶不上其他欧洲强国的实力，并不适合发动战争。如果战争失利，他的政治生涯就岌岌可危了。他渴望权力，对策就是持和自己意愿相反的主张，发表那些违背自己意愿的言论，瞒骗众人。正是因为俾斯麦的这次谈话，国王才任命他为大臣，他才得以迅速升至首相。一旦他获得了权力，就用武力统一了德国。

俾斯麦是有史以来最聪明的政治家之一，他善于运用权谋。在主张和平这件事上，没有人怀疑他的居心，如果他宣示了自己真正的意图，就不会有日后德国的统一。

利用言不由衷放出误导的信息，从而成功地隐瞒了自己真实的目的，得到了自己所希望的一切。这就是掩藏真实意图产生的巨大威力。

有些人只要有机会就把自己暴露在别人的面前，把自己的计划与意图全盘托出。他们这样做有两个原因：首先，他们认为谈论个人感受与未来计划是自然而轻松的事，因而控制不了自己；其次，他们渴望得到别人的认同，展现自己的美好本质，其实这并没有错，但是要考虑到不同的环境和不同的对象。诚实在某些特殊情况下是一把钝器，只能让你受尽折磨，你的诚实对别人来说可能是一种冒犯。

若想获得人们的好感和敬重，就需要注意你的言辞，委婉地说出自己的意图，而不是直截了当地讲出自己的感受，甚至揭露真相。

隐藏自己的意图，能让你在与人交往的过程中更容易掌握主动权。人性中有一个简单的事实，人类的第一直觉永远来自外表。表象常常被人们当成事实，因此从某种程度上说，表象比事实更重要。

表面上支持一项违背个人意愿的主张会让对手理不清头绪，因而在算计中犯错。这是一种声东击西的有效策略。

运用这套策略要讲究方法，不要闭紧嘴巴隐藏你的意图，这样就会显得鬼鬼祟祟，让人心生怀疑。相反地，你还要不断谈论自己的渴望和目标——当然不是真正的目标。如此一来，不但显得友善、开放和信任别人，也隐瞒了意图，从而让对手疲于奔命，做无用功。

如果你的社会地位让你无法为自己的行为穿上一层密不透风的神秘外衣，那么至少也应该学会不要那么清澈见底，还要不时露一手，其行为方式要出乎人们的意料。如此一来，周围的人就会对你刮目相看，并开始关注你。

如果你发现在某些场合自己落入陷阱受到围困，或陷入防守之势，试试用一项别人无法轻易理解或捉摸的行动来摆脱困境。

　　战略要简单，方式要复杂，行事要有多种不同的诠释。然而不要只是令人捉摸不定，而是要让你的行动没有单一的解释。这将会让你的对手茫然不知所措，产生错误的判断。吐露真言需要极高的技巧，运用得好，可以成就你的美名；反之，有可能毁掉你所有的计划和梦想。

不要显得比上司高明

你也许会认为，能干的人就一定会被上司所器重，其实不然！许多有能力的人是因为和上司的关系处理不好而辞职的。因为他们对工作有自己独到的见解和方法，越是积极工作，就越是容易与上司产生矛盾和冲突。所以要记住：给上司留一点空间。

有个朋友曾当过几年兵，他曾说过：在我服役受训的时候，打扫营区是每天例行的工作，可奇怪的是，无论我们再怎么努力打扫，几乎连蚂蚁屎都扫掉了，等到连长来巡视时总还要说这里不够干净，那里还需要加强，这让我纳闷不已。打扫营区如此，保养武器也是如此，连长总是能抓到我们的"毛病"。

在我当排长前，连长为我们揭晓了谜底。他说，如果连长每次都满意，士兵就会自然而然地产生懒惰的情绪；其次，没毛病也要找出毛病，是为了凸显连长的权威，以方便领导统御，不要让士兵觉得你好说话而敷衍你。

下部队当排长时，我充分活用连长的领导哲学，发现效果还真的不错。

可是在社会上做事和在军中带兵不太一样，军中讲究的是服从，而社会上根本就是弱肉强食。做主管的若没毛病还要找毛病，那么他自己难混，属下也会很难混，弄不好会两败俱伤。

一走入社会就当主管的人并不多，若有此机会也只是个小主管，在这个小主管上面还有各种各样的主管。和主管相处是一门学问，如果运用得好，可以少受很多气，少走许多弯路，也有助于事业的开展。和主管相处，各人有各人的门道，各人有各人的方式、方法，但无论送礼也好，拍马屁也好，都不如在工作上留一点空间给他好。

每个人工作的目的之一都是为了生活，当主管的也不例外。你怕被"冰冻"，怕丢工作，怕被"穿小鞋"，怕不受信任，主管的心情其实和你完全相同，只不过他怕的和你怕的有一些不大相同，因为他还要带领属下，而属下就是他怕的原因之一。你能力不行，他怕事情做不好要承担后果；你能力太强，做起事来完美无瑕，他又怕管不住你，动摇了他的领导地位，更怕你抢了他的"差事"。当你的能力太强时，当主管的为了"安全"，也为了他的江山，他会不断地打击你，挑你的毛病，搁置你的计划，阻断你向上沟通的渠道，甚至恶意地挑拨你和其他同事的关系，最恶劣的还有栽赃、夺权等手法。总而言之，如果他受到他的主管的支持，那么他要找你的毛病总是有办法的。如果你根本没有取他而代之的野心，被这样对待岂不是很冤枉吗？

所以要记住，留一点空间给你的主管。具体做法就是：

1. 时时向主管"请教"

明明你懂的比他还多，你还是要尊重他的职位，和他讨论某项计划，请他给你一些"指点"。主管看了你的这种行为，当然就放心了。不过，如果"请教"了之后，你一个"指教"都没有采纳，那么会得到相反的效果。因此，你的计划多多少少都要有主管的一些意见——他会很在乎的。

2. 事情不要做得十全十美

别以为十全十美会得到主管的赞美，有的时候那是"祸水"。但也不能做得乱七八糟，因为这样你就要卷铺盖走人了。最好在不很重要的地方犯个小错，或留下一点缺憾，好让你的主管来"指点"一番。能找出毛病来"指点"，表示主管的能力还是高过你，那么他就放心了。

3. 不要忘记称赞你的主管

这和拍马屁不同。员工需要主管称赞，主管其实也需要属下称赞，尤其是在主管的主管也在的公众场合。你的称赞，表现了你的服从，而且间接替你的主管做了公关，他不高兴才怪呢。

不管采用何种方式，切忌目中无人，尤其当你能力很强的时候。留下一点空间让你的主管立足，给他一些"帮助""指点"你的机会，这是相处的艺术，也是求生存的法则。

能屈能伸是为了更好地抬头

但凡打算干一番轰轰烈烈的事业的人，都能屈能伸。这就好比一个矮小的人，要登高墙，必须寻找一架梯子作为登高的台阶，假如一时找不到梯子，那么，即使旁边有一个马桶，也未尝不可利用它作为进身的阶梯。假如嫌它臭，你就爬不到高墙上去。当初，张良、韩信就是刘邦的梯子，韩林儿就是朱元璋的马桶。

韩信年少时曾受过胯下之辱，但他并不是懦夫。他之所以忍受这样大的屈辱，是因为他的人生抱负太大了，小不忍则乱大谋。后来跟随刘邦逐鹿中原，先后做过齐王和楚王。他在与部下谈起这件事时说："难道当时我真没有胆量和力气杀那个羞辱我的人吗？不是。如果杀了他，我的一生就完蛋了。我忍住了，所以才有今天的地位和成就。"

人们在制订理想目标时，往往在实践过程中会遇到这样那样的困难和挫折，致使你气愤、胆怯、自卑、情绪冲动、灰心丧气、意志动摇等。立志愈高，所遇到的困难就愈大，"卒然临之而不惊，无故加之而不怒"，这就是大丈夫能屈能伸、乐观坚毅精神的表现。

苦难是一种前兆，也是一种考验，它选择意志坚忍者，淘汰意志薄弱者。要达到人生的最高境界，要成就任重道远的伟业，必须具有远大的志向和极端坚忍的品质。

一场大雪过后，树林出现了一个有趣的现象，只见榆树的很多枝条被厚厚的积雪压得折断了。而松树却生机盎然，一点儿也没有受到伤害。为什么呢？因为榆树的树枝不会弯曲，结果冰雪在上面越积越厚，直到将其压断。而松树却与之相反，在冰雪的负荷超过自己的承受能力时，便会把树枝垂下，积雪就掉落下来。松树树枝因能向下，使雪易滑落，所以枝干依旧挺拔，巍然屹立。能屈能伸，刚柔相济，正是这种气度和风范。

人世间的冷暖是变化无常的，人生的道路也是变化无常的，当你在遇到困难走不通时，退一步就会海阔天空；当你在事业上一帆风顺的时候，一定要有谦让三分的胸襟和美德，应该把功劳让与别人一些，不要居功自傲，更不要得意忘形。该进则进，该退则退，能屈能伸。

　　一个人要想在世上有所作为，"低头"是少不了的。低头是为了把头抬得更高更有力。面对人生旅途中一个个低矮的"门框"，暂时的低头并非卑屈，而是为了长久地抬头；一时的退让绝非丧失原则和失去自尊，而是为了更好地前进。要知道，缩回来的拳头，打起人来才有力。只有采取积极而且明智的处世方法，才能审时度势，通过迂回和缓达到目的，实现超越。对这些厚重的"门框"视而不见，傲气十足，硬碰硬撞，结果只能是头破血流。

为情可屈而为义可伸

当一个人在心灵上受到创伤,多么需要有个人来抚平伤口;当一个人在经济窘迫时,多么需要有人能伸出援助之手;当一个人对事业沮丧之时,多么需要一种激励。朋友,这个名词总是在我们绝望之时,在脑海中不断地闪现。朋友,就是在我们身陷泥淖之时及时伸出的有力之手,使我们迅速摆脱困境,如虎添翼,飞身而起。好的朋友不仅可以使我们生存在一定的精神高度,同时也可以使我们在一种温馨之中,体会到沐浴春风的氛围。

孔子说:"有朋自远方来,不亦乐乎!"这里所说的朋友,是指对自己相交有益的朋友,也就是孔子所说的"友直,友谅,友多闻",即正直、诚实和有教养有学识的朋友。这类朋友都是从友爱之心出发,不过分苛求朋友,他们都能做到真心对待朋友,他们还能谅解朋友一时的过失和错误。同时,益友又是诤友,他们并不一味迁就朋友的过失和不足,自己认识到的真理,自己的学识,自己某些方面的美好品德,他们都尽量传递给朋友,帮助朋友涵养德行。

君子相交重情义。真正的朋友,相互尊重,却不相互吹捧;往来频繁,但不过分亲昵;往来不多,但心心相印。那些不讲道义,没有真感情的假朋友,表面上勾肩搭背,亲亲热热,而一旦相互之间有了利害冲突,贫富发生变化,就会翻脸不认人。在朋友有难时不仅不帮忙,而且还会落井下石,将其置于死地而后快。

鲁迅在交友方面堪称是个幸运儿。鲁迅早年师从资产阶级革命家、著名学者章太炎,后与蔡元培结下了深厚的友谊,又同许寿裳等学者、作家成为在事业上互相切磋的好友。此外还结交了像瞿秋白、冯雪峰等人为朋友,对他成长为共产主义战士起到了不可忽视的作用。

鲁迅和瞿秋白在文化战线上经常合作。在最危险的关头,鲁迅让瞿秋白避在自己家中。瞿秋白在自编的《鲁迅杂文选集》序言中，对鲁迅给予很高的评价。鲁迅也在瞿秋白牺牲后，将瞿秋白的遗言编成《海上述林》出版。

鲁迅之所以能成长为共产主义战士，除了主观上的原因之外，也得益于他身边的那些良师益友。

朋友无论对我们的职业，还是在其他方面都有着不可估量的作用。但往往很多人在成功之后都忽视了这份友情，自认为成功是因为自己不懈努力和智慧的必然结果，只能与人共患难，不能与人共富贵。正是这种现象的存在，致使人们对朋友的理解越来越模糊。

真正的朋友应建立在相互信任的基础上，不能因为一两件事的误会而造成隔阂；也不能因为把朋友看透了而轻言断交，因为一个人的内心世界你永远都不会看透，或许在交往的时间内暴露了他的缺点而掩盖了其优点。

交到一个真心朋友太难，失去一个朋友却很容易。为了事业的成功，我们应珍视友谊，学习他的优点，包容他的缺点。对于真正的知音而言，他们之间的友谊只是纯粹的友谊，与常人所谓的成功毫无瓜葛。

人在屈伸中求生存

在生活中，我们难免会碰到一些无理的人或事。你对某人的不良或错误行为进行直接责备时，他却反过来与你顶撞。如在一外国球场里，一个观众的视线完全被前面一位妇女的帽子挡住了。于是他说："请您摘下帽子。"可妇女连头也不回。"请您摘下帽子。"这位先生气冲冲地重复了一遍，"为了这个位子，我破费了十五个卢布，却什么也看不见！""为了这顶帽子，我破费了一百一十五个卢布，我要让所有的人都看到它。"年轻的妇女说完，仍然一动也不动地坐着。

碰到这种无理行为，许多人常常大发一通怒火，大骂一顿无赖，却解决不了任何问题。你自己倒气得手脚发颤。这时，你应该怎样反击这种无理的行为，使对方觉得理屈词穷、无言以对呢？

对于蛮不讲理的人，一定要据理力争。楚王想侮辱晏子，令人在城门旁边挖了一个小洞，让管礼宾的小官带晏子从此洞进城。晏子不进，装作十分惊讶的样子说："啊呀！今天我恐怕来到狗国了吧？怎么要从狗门进去呢？"楚人讨了一个没趣，只好引他从大门进城。

晏子所使用的策略，是"以其人之道还治其人之身"。既然让我从狗洞进城，那进的自然就是狗国了；既然把我当作最无能的来使，那么你也就是最无能的君主了；既然你要借题发挥，讽刺挖苦，我当然要针锋相对，以牙还牙！

或许有人要说，对人要讲真诚，但真诚是需要条件的。真诚者与真诚者肝胆相照，就像是两块打火石相撞，迸射出的是心灵的火花。人敬你一尺，你敬人一丈，人对你刁滑，你也必须"刁滑"。

有一则寓言：一匹狼跑到牧羊人的农场，想捕杀一只小羊来吃，牧羊人的猎犬追了过去。这只猎犬高大凶猛，狼见打不过也跑不掉，便趴在地上哀求，发誓再也不会来打这些羊的主意了。猎狗听了它的话，便放了这匹狼。想不到这匹狼在猎犬回转身的时候，纵身咬住了猎犬的脖子。幸亏牧羊人及时赶来，才救了猎犬一命。这个寓言告诉人们，对于那些奸佞小人万不可有"妇人之仁"。若是对坏人心慈手软，可能会深受其害。

以其人之道还治其人之身的方法有三个：

1. 顺其言，反其意

这种方法的效果在于使人感到那个无理的人是引火烧身，搬起石头砸自己的脚。例如：德国大诗人海涅是犹太人，因此常遭到一些无耻之徒的攻击。在一个晚会上，有人对他说："我发现了一个小岛，这个小岛上竟然没有犹太人和驴子！"海涅不动声色地说："看来，只有你我一起去那个岛上，才会弥补这个缺陷。""驴子"在美国南方语言中，是"傻瓜、笨蛋"的代名词。海涅是犹太人，将"犹太人与驴"并称，无疑是侮辱人，可海涅没有对他大骂，相反，他把这种并称换上"你我"，这样就一下子把"你"与"驴"相等了。

2. 结构相仿，意义相对

这种方法是在双方语言的相仿与相对中，表现出极其鲜明的对抗性。丹麦著名童话作家安徒生一生生活俭朴，常常戴顶破旧的帽子在街道上行走。有人嘲笑道："你脑袋上面的那个玩意儿是个什么东西，能算是顶帽子吗？"安徒生回敬道："你帽子下面的那个玩意儿是个什么东西，能算是个脑袋吗？"安徒生的话语和对方的话语结构、语词都相仿，只是几个关键词的位置颠倒了一下，显得对立色彩格外鲜明。

3. 佯装入套，大智若愚

这种方法就是假装没有识破对方的圈套，照直钻进去。它的效果是显出自己完全不在乎对方的小伎俩。

面对小人的圈套和诡计，你必须保持冷静。在对方处境不妙时，不妨痛下杀手，"痛打落水狗"。当对方想用毒计整治你、侮辱你时，最好用对方讲的道理、方法、要求，依样返还给对方，使其搬起石头砸自己的脚，而且"哑巴吃黄连，有苦说不出"。

年年岁岁劝善，岁岁年年有恶。以善报恶，不以正义抗邪恶，虽然良心很好，然而不免呆憨、幼稚，不足以除恶扬善。"一薰一莸，十年尚犹有臭。"恶者横行，正因为善者软弱。不要只痴想以善感动恶，恶之所以恶，正是在于它难以被感动，否则，也就不那么恶了。善者要强而有力，要以"恶"对恶，要讲究对付恶的"阴谋"，那就要运用智慧。如此，恶才会感到善的力量。

将相本无种，能屈能伸显自强

生活中总是重演着一个悲剧：很多勤劳刻苦、奋斗不息的人往往不能够成功，穷困潦倒；而一些懒惰无能、平庸无德的人反而能轻易地获得成功，攫取财富、权力和声名。于是，有人哀叹命运的不公，有人哀叹自己天生"命"不好，在叹息之际，他们向命运妥协了，甚至自暴自弃，破罐破摔。

许多人在经历了人生的坎坷之后，得出了"生死有命，富贵在天"的结论。但是一个人命运的好坏，并非天生注定的，亦非不可改变的。一个人一生不可能永远幸运，也不可能永远被厄运纠缠。要相信，命运掌握在我们每个人手中。

人的一生，总会碰到许多偶然的因素，这些偶然的因素往往会改变人的一生，但这些因素又是可遇而不可求的。无论是安于命运的安排，还是向命运抗争，都有一个接受眼前命运的问题。同命运抗争，在于知其可为而为之，或知其不可为而为之。知其可为而为之，是聪明的；知其不可为而为之，是愚蠢的。

如果你奋斗了，努力了，拼搏了，但依然屡遭挫折，连栽跟头，未获成功，也不要抱怨命运的不公，而是要理智地接受和承认现实，并找出和分析遭到挫折和失败的原因，进而改变现状，改变命运。这才是智者的选择。

魏光焘（1837—1916），字午庄，湖南隆回人。曾任新疆布政使，新疆巡抚、云贵总督、陕甘总督、两江总督、南洋大臣、总理各国事务大臣，与李鸿章、张之洞、刘坤一等同侪。

然其有别于李、张、刘"学而优则仕"（李鸿章、张之洞都是进士出身，刘坤一是廪生出身），魏光焘却是十足的"草根"：早年读过几年书，因家贫失学，以砍柴、淘金、掌勺做厨师维持生计，但他十九岁从戎后，"仕而优则学"（此处"优"，是"优裕"之意，就是有余力）。虽然声名不及李鸿章、张之洞等显赫，仍不失为晚清政治、军事、外交上的重要历史人物。

有一天晚上，魏光焘的叔叔远远看到他家的豆角地里有两盏灯在来回走动，遂问旁人是怎么回事。旁人没好气地说：还能是谁，还不是您家午庄在摘豆角！叔叔不信，遂打发人去现场看，果然是魏光焘在偷摘豆角。

所谓的"两盏灯"，正是他的双眼自带的！所以在民间的传说中，他虽然慵懒，却是有福之人。这其实带有浓郁的梅山文化气息：梅山文化里，出门办事，最讲究的是首先遇到了什么人、有什么人在场，若是遇到有福之人、吉利之事，那所要办的事必然顺畅！

关于魏光焘的史料记载和传说，则完全颠覆了"午庄懒"的认知，"光焘强、梅山蛮"的形象更让人崇敬！

相传有一年他回家省亲，老家的读书人还以昔日吴下阿蒙视之。一位私塾先生在宴席上为难魏光焘。

他指着桌上一碟盐梅出对："盐梅、盐梅，孔子、颜回，家无读书子，官从何处来？"

魏光焘则指着身前的一盘咸姜应对："咸姜、咸姜，韩信、张良，将相本无种，男儿当自强！"——邵阳土话中，"咸"与"韩""将""张"同音。

"将相本无种，男儿当自强"，多么掷地有声的誓言！

不踩别人肩膀往上爬

我们时常会遇到一些人做了对不起自己的事。当别人对不起我们时，应当怎么办呢，是针锋相对、以怨报怨呢？还是以宽容为怀、原谅别人呢？

中国人历来强调以和为贵，从不欣赏损人利己、踩着别人肩膀往上爬。如何与人和睦共处，是中国传统文化一直关注的问题。

明宪宗曾经画过一幅漫画，题目是《一团和气图》。画面上的人物由于开怀大笑，浑身缩成了一个滚圆滚圆的大球。但仔细分辨则会看出，这幅人物像虽只有一副面孔，实际上却是三个人的身体合在一起的。它取材于一个著名的典故：

陶渊明、陆修静和惠远法师分别是儒、道、佛三家的门徒，三人经常在一起切磋学问。惠远法师有个不成文的规矩，送客绝不超过山下的虎溪。但有一天，三人边走边谈，不知不觉竟越过了这个界线，于是相顾开怀大笑。这就是著名的"虎溪三笑"。

朱见深借这个典故作了《一团和气图》，有一天召群臣上殿，明确要求大家"忘彼此之是非，蔼一团之和气"。即让大家和睦相处，团结友善。

孔子说："礼之用，以和为贵。"和的基本含义是和谐：宇宙运行的最高尺度是和谐，美学的最佳境界是和谐，人类社会的最佳状态也是和谐。和谐，意味着自然、完美、平衡和秩序。因而，对"和"的追求，既是一种得之于生活的感性经验，也是一种同信仰纠结在一起的对大千世界运动规律的理性升华。

"天时不如地利，地利不如人和。"人类之和，是为人和。人和为世间之贵，人和才有家庭、人和才有民族、人和才有国家、人和才有社会。为人信奉以和为贵之道，可以算得上是一种自我保护哲学。这种哲学教导人们凡事知足常乐，知常守恒，没有过多的非分之想，也不越出自己的利益范围之外去多管闲事。汉语中的"福"字，其意义与辐相通，相当于车轮的条辐。几十根车条围绕一个轴心，构成一个有秩序的协调的整体。这就叫幸福在"人心之通"。大家各守本分，互不干涉而又互相依赖，这样一种和平宁静的生活就是幸福。即使上下级、同事、邻居之间发生矛盾或分歧，人们也总要尽量保持表面上的和谐一致。

早在两千多年前，西周就设有"调人"，专事"排患释难解纷争"，和谐人际关系。历代朝廷都延续了这种制度。直到今日，我国也建立了一整套比较完善的人民调解制度，并作为一种法律固定下来。随着我国经济的不断发展，出门旅游、乘车坐船等事习以为常，难免你挤了我的座，我挡了你的道。若遇上火星乱爆的年轻人，矛盾就会一触即发。此时，如果你能好言相劝，甚至主动出让自己的方便，争执者的怨气也就随之烟消云散了。

第三章

处世有道，能方能圆

锋芒不要总想着毕露，隐藏锋芒不是无能，而是更能看清对手的样子。人生不是较劲，而是看实力，该隐忍时要隐忍，该出手时要出手，不是为了在人前显摆，而是为了成就更好的自己。一个有能力的人，总是低调地站在后头审时度势的，因为他知道太出风头并不是好事。有能力的人，都是聪明人，既能忍住脾气，也能控制住情绪。遇事不慌乱，与人相处的分寸把握得恰到好处。不与君子争名，不与小人争利。

大丈夫，先屈后伸

做人是要懂得一点道理的。为什么这么说呢？因为道理使人明智。在大是大非问题上，知道什么是该做的什么是不该做的，使生活有了合理的尺度和准则。道理使人善良，了解了人世的苦难，对人就多了一份宽容之心、仁爱之心；道理使人睿智，不但懂得眼前的人或事，而且能懂得过去的和未来的人和事，人生的意义由此获得根本改观；道理使人思想深刻，对世界的运动和历史的演变有着独到的认识和体察，就能举一反三、由表及里，不为表面现象所迷惑。人的智慧在于能从小道理中发现大道理，掌握大道理。大道理并不表现为声威显赫、富丽堂皇，通常它只表现为朴素简洁、平凡无奇。

我们中国人重视以理服人。因各持己见，发生冲突，"吵架"抑或"打架"也并不稀罕。为了吵过（或打过）对方，必得有理。而且，一旦当事双方难以厘清孰是孰非时，便可请第三方代为裁定，其标准，还是以理服人。

中国人认为据理力争是理所当然的事，因此，对于别人的主张也都持宽容态度。《论语·子路》："君子和而不同"，认为君子能够与他人保持友善和谐的关系，但对待具体问题能保持自己的独立见解，不盲从附和。与他人意见不一致，时常辩论乃君子之风；若觉得对方有理便接受。这种风气由来已久，"画蛇添足"的故事，可以为证。

战国时，楚王命昭阳将军率千乘大军进攻魏国，并乘胜势伐齐。齐王甚为惊恐，便派陈轸到昭阳处当说客，劝楚罢兵。

陈轸到楚营，一见昭阳就搬出了这个故事："昔日有两人比赛画蛇速度快慢，约定先成者饮酒。一人先成，持酒觯于手，曰：'我添其足。'此时，另一个亦成，乃夺其觯而饮。曰：'蛇本无足。君添之，是无饮也。'先成功者终不得饮。"说完陈轸将话题一转："你身为楚将军，奉命伐魏，攻城略地，大功告成。然而，你现在又欲伐齐，乃画蛇添足。齐国乃大国，难以攻克，即便攻克，于君也无补。因为你的位子仅次于令尹，做到最好也只是当令尹，现楚国已有令尹了，人心向背，非君可以企及。相反，君如多事，恐见妒于人，见疑于王，何时招来祸害，尚未可知。现在何不见好即收，班师凯旋，这样万事大吉。"昭阳听完，口服心服，便撤兵回国。由此可见，中国人虽"打"，但讲"理"，决不意气用事，同时也善于听取他人意见。

以理服人，是一种很成功的为人处世方法。

嫉妒他人就是委屈自己

嫉妒是一种卑劣的心理状态。善妒者总爱和别人攀比，凡事唯恐别人抢先一步。看到别人超过自己，他不怪自己不努力、不进取，只怨别人有本事，只恨别人比自己强。妒火中烧，能使人头脑发昏，丧失理智，甚至堕落到极其卑劣和凶残的地步。嫉妒就像一股祸水，不知害了多少人。

嫉妒源于私心。如果真正大公无私，能全方位考虑问题，就不会产生嫉妒心理。能如此，他人会为你的崇高而感到由衷的喜悦，并以"见贤思齐"来要求和勉励自己。不嫉妒不仅会激励别人，更能修身养性。

荀子说："君子以公义胜私欲。"（《忍经》）孔子说："君子喻于义，小人喻于利。"（《论语·里仁》）义，是天理所应实行的；利，是人情所应思索的。君子根据天理行事，便没有人欲的私心，所以能泛爱人。小人放纵私欲，不明天理，所以嫉恶别人。

嫉妒是一种慢性"毒药"，可以使人不辨是非。对人无端生怨，对己则身心俱损。嫉妒是产生"恶毒仇恨""无名怒火"的重要根源。嫉妒会毁了自己，也会毁了他人。

有一个画家，他的作品有一定的影响力，同时也给自己带来不菲的收入，但他从不看重这些，也不嫉妒他人。他的座右铭是"我永远是个小学徒"。他追求艺术的理想还像儿童那样执着单纯，他追求成功但绝不嫉妒比他更成功的人。也许他成功的奥秘正在于此。

各方面条件与自己相同或不如自己的人居于优位，自己所厌恶或轻视的人居于优位，与自己同性别的人居于优位，比自己更高明的人居于优位，这些都是引发嫉妒的主要条件。如果自己无意加以比较，或认为自己无法达到那么一个高度，或二者生活在不同层次的世界，或嫉妒的对象不在自己身边，或是通过艰苦努力得到的结果，嫉妒将不再产生。

淡化嫉妒也就是淡化优位——你不比别人强，别人嫉妒你什么？认为自己不比别人强，这一下子别人反倒不再嫉妒你，也会认为你是靠自己的努力得来的优位。

你被派去单独办事，别人去没办成，而你却一下子办妥了。这时，你若显出聪明能干，会招致嫉妒。如果你说"我卖力肯干"，就容易让人觉得你处于优位认为一切理所当然，因而会嫉妒你能干。但你说"多亏了大家大力帮助"，这就使人产生"还没忘了我的苦劳"这样的心理平衡感。

处于优位自是可喜可贺的事，加上别人一奉承，更是容易让人喜形于色，无形中加强别人的嫉妒心。所以，面对别人的赞许应谦和有礼，不仅显示出自己的君子风度，淡化别人对你的嫉妒，还能博得他人对你的敬佩。谁都希望成功而得到他人的夸奖，但事实上总会有悬殊的差别。当同事、朋友各方面条件都差不多，其中有人成功，若不是别人提及，有时还不觉得。一旦有人提起，其他人听了就不好受，难免妒火中烧。

一个人身上的劣势能淡化其优势，给人以"平平常常"的印象。当你成功时，注意突出自己的劣势，就会减轻嫉妒者的心理压力，产生一种"他和我一样无能"的心理平衡，从而淡化乃至消除对你的嫉妒。每个人都有自己成功的地方，也有不成功的地方。显示自己不成功的地方并虚心向别人学习，也正是为了巩固自己的成功。

在众人面前谈某一群体中的某人时，你若说"我们很要好"之类的话，对方很容易产生冷感。因为这种称谓具有明显的排他性，对方会对"我们"中的人员滋生嫉妒。通过艰苦努力所得到的成果很少被人嫉妒，如果我们处于优位确实是通过自己的努力得到的，那么不妨将"艰苦历程"诉诸他人，加以强调以引人同情，减少嫉妒。

聆听越多，你就会变得越聪明，就会被更多的人喜爱，就会成为更好的谈话伙伴，而不会招致别人的嫉妒。一个好的听众比一个擅长讲话者能赢得更多的好感。生活中没有什么比做一名好听众能更有效地帮助你。

成为一名好的听众，注视说话人，对方如值得你聆听，便应值得你注视；靠近说话者，专心致志地听，让人感觉到你不愿漏掉任何一个字；提问使说话者知道你在认真地听。提问题是一种较高形式的奉承；不要打断说话者的话题，直到他自己结束为止；使用说话者的人称——"您"和"您的"——如果你用了"我""我的"这类词，就意味着在把听众的注意力从谈话人转移到了你自己身上，这就会使你在自我的张扬中受到他人的嫉妒。

嫉妒心理是由于个人虚荣心在作祟。加强思想修养，克服虚荣心，把别人的成就和荣誉当作自己学习的榜样和前进的动力，这是甩掉嫉妒的根本方法。甩掉嫉妒，敢于承认自己的不足，是一种谦逊的美德。学会淡化嫉妒心理，将有利于减少人们彼此的敌意和隔阂，使人们成为各行各业的成功者。

为什么要嫉妒呢？我们已经拥有许多美好的事物：空气、阳光、草木、可爱的孩子、幸福的家庭，等等。那充盈心中的感激、赞美和仁爱会令我们更加喜乐，而这喜乐会带给我们更多的平安，那是一种真正的来自内心的平安。

称赞别人成全了自己

对他人发出一番赞美之词，不仅是社交中的成功秘诀，同时也能唤醒人的潜在力量，提升他的自尊心。现实生活中需要赞美的场合很多，赞美对自己、对他人的影响都是积极的。赞美使对方感到愉快，自己也心情开朗。遗憾的是，人们对于司空见惯的事不太注意，没有意识到他人的需要，更没有意识到你的一番赞美之词，能满足这种需求，从而又不费吹灰之力得到这个人的信赖与友情。

很多年前，伦敦一个孩子在一家布店当店员，早上五点钟他就要起床，打扫全店，每天要干十四个小时的工作，那简直是苦工。两年后，他再也不愿忍受了，一天早晨起来后，早餐也顾不得吃，跑了十五里路，去找他在别人家里当管家的妈妈商谈。他一边哭泣，一边发狂地向他妈妈请求不再做那份工作了，并发誓，如果再留在那店里，他就要自杀。而后，他又给老校长写了一封长而悲惨的信，说明他心已破碎，不愿再活着。他的老校长看信后，给他一些称赞，并诚恳地对他讲，你实在是很聪颖，应该适于更好的工作，并给他一个教员的职位。自此，那些称赞改变了那个孩子的未来，他曾著书一百多部，在英国文坛上留下了浓墨重彩的一笔。他的名字就是 H.G. 威尔斯。

称赞作为为人处世的行为和手段，它的作用在于：激励人们不断进步，能对人的一生产生深刻的影响，能沟通人与人之间的感情。

这里所说的赞美，是指诚心诚意，真真实实的赞美，而不是虚伪的应酬话，也不是言不由衷的阿谀之词。并不是所有人都能诚心地赞美人，有些人就是不肯赞美别人，他们的理由是：

1. 第一次与人接触，关系还比较生疏，对人家的情况不大了解，如何对人家表示赞美呢?

2. 有的人因为成就大,获得的评价很高,我们没必要当面再去称赞一番。

3. 第一次与异性交往,尤其是面对一位年轻漂亮的女郎,尽管觉得她是个美人儿,可如果我嘴里说出赞美的话,人家会认为我居心不良。

4. 有的人太普通了,还有许多毛病,实在不怎么样。就算有点可取之处,但也不过是些琐碎、细小的事情,对这种人表示赞扬没什么意思。

5. 对于服务人员,没有必要表示对他们的服务很满意,因为他们做得再好,也是为了赚我们的钱。他们做好本职工作理所当然,没必要再对他们表示满意和感谢。

6. 关系要好的人,彼此间早已相知,何必还要表示赞扬?对方从不怀疑我对他的感情和信任,似乎再没什么必要表示对他的喜爱和赞赏,弄不好反倒显得生疏。

7. 对于领导者,我不可随便表示赞扬,上司确实有值得称赞的地方,但对他尽说好话,别人岂不要说我溜须拍马、讨好领导?

许多人之所以会这样想问题,主要是因为:

1. 不理解赞扬的意义,或主要从庸俗的角度来理解,似乎只有有求于人或巴结讨好人才会有意识地给对方戴几顶高帽子,而心地坦诚、作风正派的人不必搞这一套。

2. 因为没有掌握赞扬的艺术,怕自己说错话,或曾经赞扬过别人,但效果不佳,因而便误以为赞扬没什么价值。

3. 由于心理不平衡,有嫉妒心和虚荣心,便不肯赞扬职务和成就比自己高的人,对于不如自己的人又不屑一顾。

4. 老实巴交,为人拘谨,不好意思对别人表示赞扬,同时又顾虑别人会对自己有什么怀疑和不好的看法。

5. 只想自己得到别人的赞扬,而从不考虑别人也很想得到自己的赞扬,尤其是有自卑心理的人。即使多少能想到别人的需要,但又觉得自己人微言轻,是否对别人赞扬,都无足轻重,没什么意义。

　　称赞能改变一个人。称赞一个人的工作，会使他将工作做得更好。称赞他的行为，他就会变得更加完美。一个人的行为和贡献如果受到别人的称赞，就会增加自尊心，远离傲慢与自大。

　　说些善意的话，好让别人知道你的感觉。千万不能以为别人知道你欣赏他们而懒得去称赞。你要亲口说出来，他们才能够接受。当你让别人知道你欣赏他们的行为时，他们将心甘情愿地为你做更多的事情。称赞的话语使人感到亲切、满意和受鼓舞，因而听起来觉得顺耳，它有助于建立友谊和成功地与人交际。

　　称赞别人有三种方法：首先，在一般人的观念中，总以为别人的话比较客观、实在。所以以别人的口吻来进行称赞，更能得到对方的好感。其次，就是直接称赞，特别是上级对下级、长辈对晚辈、老师对学生，这种称赞的特点是及时、直接。最后，还有一种办法就是当事人不在场时，背地说些称赞他的话。许多时候，间接称赞的话都能传达到当事人耳中。生活中，如果我们想称赞一个人，又不便对他当面说出时，可以在他的同事或朋友面前，适时地称赞一番。

　　称赞时应注意：第一，称赞要发自内心、真心实意。如果言过其实，对方就会怀疑你的真实目的。第二，最需要你赞美的不是早已名扬天下的人，而是那些自卑感很强的人，特别是那些心理压抑、自信心不足的人。他们能被人真诚地称赞，就有可能自信心倍增，精神面貌焕然一新，重新鼓起生活的勇气。第三，称赞要具体，不要含糊其词。否则只会使对方窘迫、混乱，甚至紧张。称赞越具体，表明你对他越了解，从而越能拉近人际关系。另外，不要称赞他身上众所周知的长处，应称赞他身上既可贵的又不为人知的特点。第四，要注意称赞的分寸。适度的称赞能使人树立信心。反之，会使人反感、难堪，所以，称赞的内容要适度，要有分寸，要恰如其分；称赞的方式、地点要适宜；称赞的频率要适当。

　　莎士比亚说过："我们得到的赞扬就是我们的工薪。"从这个意义上说，每个人都是别人"工薪"的支付者。有人说，赞扬是一笔投资，只需片刻的思索就能得到意想不到的报酬。这话有些道理，但似乎又含有太多的实用主义的意味。赞扬不应该仅仅为了报酬，它还是沟通情感、表示理解的方式，如同微笑一样，也是照在人们心灵上的阳光。马克·吐温说："靠一句美好的赞扬，我就能多活两个月。"

谦而不卑，傲而不骄

《管子·法法》中说，评价一个人，是有一定的标准的，凡是能够做出一番伟大事业的人，没有一个是具有骄矜之气的。那些自恃己才、骄傲矜持之人是自满的表现，是空虚的表现，这不是什么好事。《尚书·大禹谟》中这样阐述道：骄傲、荒淫、矜持、自夸，必将以坏结果而结束。同样的看法在《说苑·谈丛》中也有，富贵不与寿命相约，但骄傲自然而然地随富贵出现了；骄傲和死亡并没有联系，但死亡也会随骄傲而来临。一代名君唐太宗对侍臣说，天下太平了，自然骄傲奢侈之风容易出现；骄傲奢侈则会招致危难灭亡。

杨修是曹操手下的一个谋士，博学多才，智慧过人，是个有名的才子。他才思敏捷，但又恃才狂放，爱卖弄小聪明，有时不免遭曹操的厌恶。有一次，曹操命工匠给他修造了一座花园。园子修好后，曹操去园中观赏，看过后，却未加褒贬，只是取过笔来，在门上写了一个"活"字。众人面面相觑，不解其意。杨修看了说："门内添'活'，就是阔，丞相是嫌园门太宽'阔'。"工匠们于是急忙重新砌墙，将园门改小，然后再请来曹操。曹操看后很高兴，问是谁的主意，大家都说是杨修的主意，曹操虽嘴上称赞，心中却很不高兴。还有一次，塞北送来一盒酥请曹操品尝，曹操提笔在盒上写了"一合酥"三个字，然后出去了，杨修看了盒上字，便叫来众人，一起把酥分着吃了，曹操回来后看到空盒，便问缘故。杨修答："盒上写着'一人一口酥'，我们不敢违背丞相之命。"曹操脸上虽笑，心中大为不悦。

曹操生性多疑，怕人暗中谋害自己，因此便吩咐左右："我梦中好杀人，睡着以后，你们切勿靠近。"一天，曹操躺在床上，被子掉在地上，一个贴身侍从见了，忙上前拾起被子欲给曹操盖上，曹操一跃而起，拔出剑来将那人杀死了，然后，又回到床上继续睡觉。过了一会儿，假装刚刚睡醒，起来后故意很惊奇地问是怎么回事，众人战战兢兢地将刚才的事说了，曹操痛哭了一顿，命人将他厚葬。众人见曹操这样，都以为他真的是梦中误杀了人，只有杨修猜到其中的缘故，临葬时指着那人的尸体说："丞相不是在梦中，是你在梦中啊！"曹操听说了，心中更加忌惮杨修。

曹操的第三个儿子曹植，喜欢杨修的才气，经常邀请杨修来府中高谈阔论，终夜不息，杨修常给曹植出主意。每当曹操问曹植军国大事时，曹植均能对答如流。后来，曹操才知道是杨修背后为他出谋划策。

后来有一次，曹操亲自率领四十万大军南征，在汉中与蜀军对阵，被诸葛亮用疑兵之计打败，只好退守阳平关。曹操屯兵日久，进退两难，心中犹豫不决。这天晚上，厨师送上晚饭，曹操见碗中有鸡肋，心中有些感慨。正在此时，夏侯惇进来，问夜间的口令。曹操随口答道："鸡肋！"当夜军中便以"鸡肋"为口令，当时任行军主簿的杨修，听见这个号令，便告诉夏侯惇："今晚的号令，我猜知我们不久定要退兵。鸡肋，食之无味，弃之可惜，正如我们今日的处境，进不能胜，退怕人笑，我们一直待在此地已经无益，不如早归，过两天魏王一定传令班师。因此，我们不如先收拾行装，免得临行时慌乱。"于是，军中上下将士，一时纷纷准备归程。

当天晚上，曹操心中很乱，无论如何也睡不着，半夜，他起来绕营巡察，见到许多士兵都在收拾行装，曹操见了大吃一惊，细问之下，方知是杨修猜到了他心中的念头。曹操派人叫来杨修询问，杨修心中还在暗暗得意，便把从"鸡肋"所想到的种种推测和盘托出。曹操听了大发雷霆，呵斥杨修："你怎敢胡言乱语，扰我军心！"随即喝令左右将杨修推出去斩了，把头挂在辕门示众。要知道，曹操心中厌恶杨修已久，早就有杀他的意思，只是苦于找不到合适的借口，这一次，便借着扰乱军心的罪名，到底把他杀了。

后人评论杨修说："身死因才误，非关欲退兵。"杨修之死给我们留下了重要的启示。第一，才不可露尽。杨修是绝顶聪明的人，也算爽快，且才华横溢，其才盖主。这就犯了曹操的大忌。第二，事不要点破。譬如鸡肋，曹操正苦思于此，不知如何解脱，你捅破这层窗户纸，就是羞辱了他。这是杨修死因之二。以上两点，是杨修的死因，也是为人处世要吸取的教训。

我们在日常工作中，不难遇到这样的问题：有一些事，人人已想到、认识到了，却无一人当众说出来。这些人并非傻子，而是都学精了。人所共欲而不言，言者乃太傻也。枪打出头鸟。有的话别人不说你争着说，必定犯着时忌，或说中别人之痛处，这样你就会倒霉了。杨修是历史的一面镜子。他的死殊为可惜，可他的死确实使后人清醒。

现代人最大的问题，就是骄矜之气盛行。千罪百恶都产生于骄傲自大。骄傲自大的人，不肯屈就于人，不能忍让于人。做领导的过于骄横，则不可能很好地指挥下属；做下属的过于骄傲，则不会服从领导。做儿子的过于骄矜，眼里就没有父母，自然不会孝顺。骄矜的对立面是谦恭、礼让。要忍耐骄矜之态，必须是不居功自傲，自我约束，克制骄傲的情绪。时常审视自己的问题和错误，虚心地向他人请教学习。

随风而屈，不招灾祸

"功高震主者身危，名满天下者不赏""弓满则折，月满则缺"，这是亘古不变的真理。当一个人的名利、权位志得意满时应该见好就收，要有急流勇退、明哲保身的态度，尽早觉悟。"功成身退，天之道也。"我国历史上，"兵圣"孙武、能"运筹帷幄之中，决胜于千里之外"的张良等明智地功成身退，都给我们留下了很多做人处世的绝好借鉴。反之，如果不能做到急流勇退，到头来难免像李斯一般发出"出上蔡东门逐狡兔，岂可得乎"的哀鸣，会像萧何那样蒙受锒铛入狱的屈辱，会像韩信那样落得兔死狗烹的下场。现实生活中"爬得越高，摔得越重"不是更能证明此中道理吗？

俗话说："官大有险，树大招风""月盈则亏，福满祸及。天地之道，极则反，盈则损"。历史上有不少真实的故事，能说明这个道理。

范蠡是越王勾践的谋臣，他曾与以"卧薪尝胆"出名的越王勾践一起同甘共苦，最终打败吴王，他因此而被任命为大将军。然而就在位极人臣的时候，他却留下了"官大有险，树大招风"的话而销声匿迹。据《史记》记载，他后来到齐国，与儿子共耕农园，积聚田产数十万。齐国看中他的才华，欲请他出任宰相，他却答道："在野有千金之财，在位有宰相之名，以匹夫而言，这是至高无上的荣耀了，然而过度的荣华却容易形成祸根。"说完，便将财产分赠好友和乡邻，搬到陶地，改名陶朱公而经商。

与范蠡形成鲜明对照的是同一时间、同一空间的另一历史人物文种。文种也是勾践的重臣，为打败吴国立下了汗马功劳。他功成名就以后，仍然继续仕于越王。其间范蠡曾写给他一封信说："飞鸟尽，良弓藏；狡兔死，走狗烹。越王的长相，颈项细长如鹤，嘴唇尖突像乌鸦，这种人只可以与他共担患难，却不能同享安乐，你现在不离去，更待何时？"后来文种也称病返乡，但做得不如范蠡彻底，他留在越国，其名望仍威慑朝野，于是有佞臣陷害他，诬称文种欲起兵作乱。越王也有"猎犬烹"之意，故而以谋反罪将文种处死。

人人都希望过着幸福的生活，但有几人能像范蠡那样呢？只知进、不知退，久居高位的，遭"文种之祸"者，又何止一人？

韩信为刘邦建立汉朝立下的功劳不可谓不大。当刘邦与项羽在荥阳相持不下时，他率军抄袭项羽的后路，为刘邦占据了黄河的下游。不久，又与刘邦会合，在今天安徽灵璧东南（当时叫垓下）包围项羽，逼得那不可一世的霸王自刎乌江。韩信是我国历史上少有的将才，不管多少兵都能从容统领，常出奇兵置敌人于死地，在刘邦面前称自己带兵"多多益善"。可是，他能率兵打败楚霸王，却不能保住自己的性命。汉立国后韩信被封为楚王，可他总觉得刘邦对他的待遇，与他自己的战功不相称，经常不顾场合口出怨言，后来被人陷害谋反，降为淮阴侯，接着再次被告与别人勾结谋反，死在吕后手里。

功成身退说说容易，真是要"退"可就难了。自己亲手打的天下自己不享受一番就溜？有谁放着一幢豪宅不住，却偏偏跑到野外去睡茅屋呢？功成身退要目光深远，在轰轰烈烈之际预知潜伏的危险，还要能克制自己的私欲。如果贪婪心重，嗜欲太深，无功也希望受禄，有功又如何会身退呢？

功成身退不仅是一种处世的智慧，也是一种人生境界，同时它又是天道的法则。

糊涂中屈，糊涂中伸

人有聪明人和糊涂人之分；同是聪明人，又有大聪明和小聪明之分；同是糊涂人，则又有真糊涂和假糊涂之分。

智和愚对人一生命运的影响极大。"聪明一世，糊涂一时"，说聪明人有时也会办蠢事；"大智若愚""难得糊涂"，说确实聪明的人表面上愚拙，这是一种智慧人生，真人不露相；而"聪明反被聪明误"，揭示了耍小聪明者的报应。

有的人外表似乎固执自守而内心却世事通达，才高八斗；有的人外表道貌岸然，而内心却空虚惶恐、底气不足。

人生是个万花筒，个人在那变幻之中要用足够的聪明智慧来权衡利弊，以防莫测变化。但是，人有时候不如以静观动，守拙若愚。这种处世的艺术其实比聪明还要胜出一筹。聪明是天赋的智慧，糊涂是聪明的表现，人贵在能集智与愚于一身，须聪明时便聪明，该糊涂处且糊涂，随机应变。孔子论人，以知、仁为别，正所谓"知者乐水，仁者乐山。知者动，仁者静。"（《论语·雍也》）朱熹在《四书集注》中解释为："知者达于事理而周流无滞，有似于水，故乐水；仁者安于义理而厚重不迁，有似于山，故乐山。"聪明之区别于糊涂，大抵如此。

老子大概是把糊涂处世艺术上升至理论高度的第一人。他自称"俗人昭昭，我独昏昏；俗人察察，我独闷闷"（《道德经》）。而作为老子哲学核心范畴的"道"，更是那种"视之不见，名曰夷；听之不闻，名曰希；搏之不得，名曰微"（《道德经》）的似糊涂又非糊涂、似聪明又非聪明的境界。人依道而行，将会"大直若屈，大巧若拙，大辩若讷"（《道德经》），即大智若愚。中国人向来对"智"与"愚"持辩证的观点，《列子·汤问》中《愚公移山》愚公与智叟的故事就是我们理解智和愚的范本。庄子说："知其愚者，非大愚也；知其惑者，非大惑也。"（《庄子·天地》）人只要知道自己愚和惑，就不算是真愚真惑。是愚是惑，各人心里明白就宽慰了。

孔子说："宁武子，邦有道则知，邦无道则愚。其知可及也，其愚不可及也。"（《论语》）宁武子即宁俞，是春秋时期卫国的大夫，他辅佐卫文公时而天下太平、政治清明。但到了卫文公的儿子卫成公执政后，国家内乱，卫成公出奔陈国。宁俞则留在国内，虽仍是为国忠心耿耿，表面上却是一副稀里糊涂的样子，这是明哲保身的处世方法。因为身为国家重臣，不会保身怎能治国。后来周天子出面，请诸侯霸主晋文公率师入卫，诛杀佞臣，重立卫成公，宁俞依然身居大夫之位。这是孔子对"愚"欣赏的典故，他很敬佩宁俞"邦无道则愚"的处世方法，认为一般人可以像宁俞那么聪明，但很难像宁俞那样糊涂。在古代上层社会的人事倾轧中，糊涂是官场权力杂耍的基本功。仅以三国时期为例，就有两场充满睿智的精彩表演，一是曹操、刘备煮酒论英雄时，刘备佯装糊涂得以脱身；二是曹、马争权时，司马懿佯病巧装糊涂反杀曹爽。后人总结云："惺惺常不足，懵懵作公卿。"（《增广贤文》）苏东坡聪明过人，却仕途坎坷，曾赋诗慨叹："人皆养子望聪明，我被聪明误一生。惟愿孩儿愚且鲁，无灾无难到公卿。"（《洗儿诗》）为官可以愚，但为政须清明，不可混淆区别。

"难得糊涂"是郑板桥的至理名言，他认为："聪明难，糊涂难，由聪明而转入糊涂更难。放一着，退一步，当下心安，非图后来福报也。"（《难得糊涂》）做人过于聪明无非占点小便宜；遇事装糊涂，只不过吃点小亏。但"吃亏是福不是祸"，往往有意想不到的收获。"饶人不是痴，过后得便宜""吃小亏占大便宜"这些谚语说的正是这个道理。有些人只想处处占便宜，不肯吃一点亏，总是"斤斤计较"，到后来是"机关算尽太聪明，反误了卿卿性命"（《红楼梦》）。

郑板桥说过："试看世间会打算的，何曾打算得别人一点，直是算尽自家耳！"（《郑板桥集》）世上最可悲悯的人，他们往往自我感觉不错，正是所谓"贼是小人，智是君子"之人，是那些具有君子的智力却怀持小人之贼心的人，他们最大的敌人即是他们自身。为人处世与其聪明狡诈，倒不如稀里糊涂敦厚些。

郑板桥以个性"落拓不羁"闻于史,心地却十分善良。他曾给堂弟写过一封信,信中说:"愚兄平生谩骂无礼,然人有一才一技之长,一行一言之美,未尝不啧啧称道。囊中数千金,随手散尽,爱人故也。"(《郑板桥集》)以仁者爱人之心处世,必不肯事事与人过于认真,因而"难得糊涂"确实是郑板桥襟怀坦荡无私的真实写照,并非一般人所理解的那种毫无原则稀里糊涂之人。糊涂难,难在于人私心太重,眼前只有名利,不免去斤斤计较。《列子》中有齐人攫金的故事,齐人被抓住时官吏问他:"市场上这么多人,你怎敢抢金子?"齐人坦言陈词:"拿金子时,看不见人,只看见金子。"可见,人性确有这种弱点,一旦迷恋私利,心中便别无他物在,唯利是图,掉进钱眼里去了!

聪明与糊涂是人际关系范畴内必不可少的技巧和艺术,其本身并无优劣之分。只不过太聪明的人,学点"糊涂学"中的妙处,于己大有益处。俗话说:"心底无私天地宽。"天地一宽,对一些琐碎小事,就不会太认真,苦恼也不来了,怨恨更谈不上。得糊涂时且糊涂,是"屈伸学"的真谛,聪明人不妨试一试。

在吕坤的《呻吟语》中有这样一句话:"迷人之迷,其觉也易;明人之迷,其觉也难。"意思是说:糊涂人不明事理,但经过开导使他明白过来,还比较容易;明白人若是犯起糊涂来,要使他醒悟过来,那就很难了。糊涂人之所以容易开导,是因为他较谦虚,对人不存成见,容易接受别人的帮助,从而明白一些道理。聪明的人却不同,这种人大多自恃聪明,固执己见,当然不容易接受别人的意见,一旦思想上误入偏歧,那就只能是迷上加迷了。也有俗语云:"聪明人好惹,糊涂人难缠。"此处的糊涂与吕坤所说的糊涂大相径庭,是一种真糊涂,即愚笨。每个人都有缺点,为了自身的长进,还是"糊涂"一点较好。

勤俭是伸之德

生命的延续是艰难的，为了活下去，人必须辛勤地工作。为了发展和成长，必须努力克服挑战，设法解决许多难题。所以勤奋肯吃苦的人，不但精神生活充沛，福报也多。勤奋的人健康有活力，前程乐观。反之，好逸恶劳的人，会逐渐消沉、堕落。勤奋代表一个人肯为自己的生活负责，是一位肯担当、不敷衍塞责的务实者，他们肯在失败中寻找教训和经验，肯在顺遂中打下更广的根基，更重要的是他们有一种锲而不舍的乐观和冲劲。当别人笑他们不懂得享受时，他们却暗暗地告诉自己：劳动本身就是一种享受。这些人的干劲是多方面的，他们不但工作得好，而且家庭和教育子女都很成功。

勤俭的生活方式，使一个人内心感到充实。我们常说知足常乐，有恬淡修养的人，他在物质上永远会满足、喜悦；而物欲愈多，想要享受和占有的也越多，他的内心越会感到空虚。一个内心有空虚感的人，就是一个贫穷的人。所以富有或贫穷，并不是看他拥有多少财富，而在于是否有节俭的习惯。一个节俭的人，他是富有丰足的；一个浪费的人，他永远不富有，而且会慢慢走向贫穷，内心常有贫穷匮乏的感觉。

勤俭的人，生活单纯，懂得集中心力，他们不奢侈浪费，深知无欲则刚的道理。勤俭使一个人能集合心力和财力，去创造更多有益于社会大众的事业。无论是企业家还是慈善家，他们都深谙此道。作为一个普通人，勤俭更是知足常乐之道。所以勤俭是我们中国人一向重视的生活智慧。

"历览前贤国与家，成由勤俭破由奢。"（《咏史二首》）无论是繁荣富强的国家，还是家存万贯的富户，如果平日不注意节俭，一味地挥霍浪费，长此下去，只能是毁了自己，祸及家庭。西晋的石崇，做荆州刺史，使人航海而获得了大量的财富。从此他就无节制地奢侈挥霍。他与朝中的王恺斗富，王恺做四十里紫丝布步幛，他就做五十里锦步幛。他还用珠宝买了一个爱妾，名叫绿珠，美艳异常。石崇另外设置了一个住处称金谷园，每日和她歌舞吃喝，欣赏享乐。当时的孙秀是赵王司马伦的宠信，听说绿珠绝美，就派人去讨取。石崇把他的歌妓都叫出来，说："任你挑选吧。"来的人说："我是奉命要绿珠的。"石崇说："绿珠是我的爱妾，不能给。"后来孙秀向赵王司马伦诬告石崇说："石崇和淮南王允要叛乱。"赵王司马伦大怒，于是把石崇抓起来并腰斩了，还杀了他的三代亲属。美人绿珠跳楼而死。

有人会说，都二十一世纪了，还提勤俭，是否显得不合时宜，不入潮流？未必如此。勤俭是我们亟待恢复的生活智慧。近几年来，大家是辛苦的，我们胼手胝足地努力创造，才有今日的成就。我们用了数十年的时间，在田间、在工厂、在海边、在山中努力工作，造就了今天的经济奇迹。过去的生活水准是比较低的，现在提高了；过去的建设是简陋的，现在不论在软件、硬件的建设上都有了相当大的进步。

今天，在新的形势下，我们应该让自己更勤奋。不只要继续劳动上的努力，更要在科技上去发挥；不只是回到田里去工作，更要在多元化的社会中，在各自的工作岗位上努力；不只是像过去那样，单打独斗地"打拼"，更要群策群力地合作；不只是在科技硬件上建设，更要在软件、文化上下功夫；不只是寻回过去的朴实之风，更要有博雅的风气。总之，不只是要恢复勤俭的习惯，更要有勤俭的新价值观念。

勤俭是一种人生哲学，也是一种智慧和能力。勤俭是由勤奋与俭朴二者组成，如何培养俭朴的智慧呢？

要培养单纯的生活态度。一个人年纪越大，越会懂得单纯的思想和言行，懂得用简单的方法去处理复杂的事情，于是会显得很自然、很开朗。"万事都以单纯为美德""天下所有的事情，都以简易为最好的境界"。历史上许多成功的人都雍容肃穆、沉静温良、朴质无华、简易单纯。例如，思想的简易单纯、欲望的简易单纯、心性的简易单纯、理论的简易单纯、生活的简易单纯等。这些都是成功的主要方面。

　　生活中，有太多的奢靡与享受，以致我们沉沦为物质的奴隶，容易受外物引诱，因而常会判断错误，甚至一失足成千古恨。勤俭的人，才能内心平静、恬淡。单纯的生活习惯使我们能集中精力思考，做事情才容易成功。

柔是屈，刚是伸

为人处世应有个准则，应遵循一定的规矩，如果脱离了这些准则、规矩，就无法办事，无法为人。然而，一个人如果处处守着这些准则和规矩，毫无变通，不懂得根据具体的情况灵活掌握，不知道随弯就弯，就会流于野蛮和粗俗，走向另一个极端。曾国藩说："近来见得天地之道，刚柔互用，不可偏废，太柔则靡，太刚则折。刚非暴虐之谓也，强矫而已；柔非卑弱之谓也，谦退而已。趋事赴公，则当强矫，争名逐利，则当谦退。"（《曾国藩家书》）刚中有柔，柔中带刚，就会处处得心应手，获得别人的支持与帮助。

曾国藩是一位后世评价不一，而且具有极大影响力的清代人物。对他褒奖的人把他捧得比天还高；贬斥他的人又把他看得一文不值、不足称道。曾国藩一生历尽周折，走出湘江大地成为中兴名臣，他熟练地驾驭着各种权力，深藏不露，随机应变，最终取得了成功。他的成功取决于刚中有柔、柔中带刚的性格。

"刚"是曾国藩性格的本色。曾国藩刚练水勇时，水陆两军约有万人，这时若和太平天国的百万之师相抗衡，无异于以卵击石。因此曾国藩为保护他的起家资本，曾一度对抗朝廷的调遣，令咸丰皇帝奈何不得。

1853 年，曾国藩把练勇万人的计划告诉了爱将江忠源。江忠源鲁莽无知，向朝廷和盘奏出，结果船炮未齐就招来咸丰皇帝的一连串征调（即将湘军调出去支援外省）谕旨。曾国藩深知太平军兵多将广，训练有素，绝非普通农民起义队伍可比。况且与太平军争雄首先是在水上而不能在陆地，没有一支得力的炮船和熟练的水勇部队，是吃力不讨好的。曾国藩为此打定主意：船要精工良木，坚固耐用！炮要不惜重金，全购洋炮。船炮不齐，决不出征。正如他所说的："剑戟不利，不可以断割；毛羽不丰，不可以高飞。"因而，当咸丰皇帝催促其"赶紧赴援"，并以严厉的口吻对曾国藩说："汝能自担重任，迥非畏葸者比，言既出诸汝口，必须尽如所言，办与朕看。"（《曾国藩传》）曾国藩接到谕旨后便拒绝出征。他在奏折中陈述船炮未备、兵勇不齐的情况之后，激昂慷慨地表示："我知道自己才智浅薄，只有忠心耿耿，万死不辞，但是否能够成功，却毫无把握。皇上责备我，我实在无地自容，但我深知此时出兵，毫无取胜的可能，与其失败犯欺君之罪，不如现在据实陈述，宁可承受畏首畏尾的罪名。"他进一步倾诉说："我对军事不太娴熟，既不能在家乡服丧守孝，使读书人笑话，又以狂言大话办事，让天下人见笑，我还有何脸面立于天地之间呢！每天深夜，想起这些，痛哭不已。我恳请皇上垂鉴，体怜我进退两难的处境，诚臣以敬慎，不要再责成我出兵。我一定殚尽血诚，断不敢妄自矜诩，也不敢稍有退缩。"咸丰皇帝看到这封语气刚中有柔，柔中又带刚的奏折，深为曾国藩的一片"血诚"所感动，从此不再催其赴援外省，并安慰他说："成败利钝固不可逆睹，然汝之心可质天日，非独朕知。"（《曾国藩传》）曾国藩"闻命感激，至于泣下"。

正是曾国藩这种刚硬的性格让他保存了湘军的力量，为湘军的发展壮大提供了条件，也为大清江山积蓄了后备力量。且不说他的这种违抗君命的做法是否正确，但是抗旨的勇气和强硬，是让人刮目相看的。

曾国藩在他一生之中，并不是处处推崇"刚"，他也重"柔"。因为他知道，柔代表弱小，却是成长中的事物，充满了强大的生命力；而至"刚"则已到了顶，达到了极限，比起"柔"来，它暂时占有优势，但长久的优势不在它一方。一根草、一条线，是"至柔"，但许多根、许多条结合起来，则是"至刚"的刀也难以斩断。曾国藩相信，强大处下，柔弱处上；天下莫柔弱于水，而攻坚强者莫之能胜，以其无以易之。所以，在取得了一定的成就之后，曾国藩决定改变自己原来过刚的性格。曾国藩号涤生，涤生就是洗涤性格中不好的东西，锤炼出理想性格。他在给弟弟曾国荃的信中说："近岁在外，恶人以白眼藐视京官，又因本性倔强，渐近于愎，不知不觉做出许多不恕之事，说出许多不恕之话，至今愧耻无已。"（《曾国藩家书》）曾国藩年轻时性格刚直而倔强，几乎到了刚愎自用的地步，以致碰过不少壁。

曾国藩通过不断锤炼自己逐渐改变了倔强而近于刚愎的性格，从而使他具备了刚柔并济的性格。特别能显示曾国藩刚中带柔性格的地方，是他和左宗棠的交往。曾国藩为人拙诚，语言迟讷；而左宗棠恃才傲物，语言尖锐，锋芒毕露。有一次，曾国藩幽默地对左宗棠抛出上联："季子才高，与人意见时相左（季高是左宗棠的字）。"左宗棠也不示弱对："藩臣辅国，问伊经济又何曾？"一对一答之中，曾国藩既抓住了左宗棠的个性特点，又指出了彼此的矛盾，但对此不发表任何议论。而左宗棠的言语，明显过于尖刻，且盛气凌人，大有不把曾国藩放在眼里、不可一世之态。可是，曾国藩没有怪罪他。

左宗棠识略过人，又好直言不讳。曾国藩第一次兵败投水未遂时，左宗棠前来探望曾国藩，见他奄奄一息，责备他说国事并未到不可收拾的地步，何必速死，此乃不义之举。曾国藩怒目圆睁，不发一言。后来，曾国藩在江西端州营中闻父逝世，立即返乡。左宗棠认为他舍军奔丧，是很不应该的，湖南官绅也哗然应和。第二天，曾国藩奉命率师援浙，路过长沙时，登门拜访并手书"敬胜怠，义胜欲；知其雄，守其雌"十二字为联，求得左宗棠的篆书，表示敬仰之意，使二人一度紧张的关系趋向缓和。由于曾国藩采取宽容的态度，用柔和的心态包容刚硬耿直的左宗棠，二人一直相处得十分融洽。

曾国藩曾写过一联："养活一团春意思，撑起两根穷骨头。"这也是刚柔兼济。正是这种刚中有柔，柔中带刚的性格使曾国藩游刃于相互倾轧的清代官场之中。

成就人才，建功立业固然需要刚直，人与人相处，柔弱的作用也是不可忽视的。要将原则性与灵活性统一结合起来，讲原则并不是不讲人情，也不是一讲原则性就否定灵活性。如果一个人只讲原则，不讲灵活，岂不成了一个无肉无血、无欲无情的机器人？只有把原则性与灵活性结合起来，刚中有柔，柔中有刚，才能在人生舞台上演绎出多姿多彩的喜剧。

不屈不挠是好汉

在人们的心目中，要想成为一个真正的男子汉，必须具备几个标准：身材如泰山般高大魁伟，胸怀要像大海般宽广，面色如和风细雨般温馨，双目要像日月般明亮，手有扭转乾坤之力，足如磐石砥柱之稳，心有如临深渊、如履薄冰般的谨慎，骨气纯净冰清玉洁。如果能够锻炼成以上的这些方面，那就可以称为男子汉了。但男子汉并非真正要有泰山般的高大身材、大海般宽广的胸怀，而是要能锻炼出这种气质、气概。总而言之，必须具有阳刚之气。

林则徐是中国近代史上一位当之无愧的民族英雄。他围绕"禁烟"展开的一系列斗争，书写了中华民族近代史上抵御、抗击外敌侵略的光辉一页。

作为封建时代的一名官僚，林则徐为什么会在当时的历史条件下，能有如此双肩担天下的气节呢？主要是爱国主义作用的结果。据说，他自幼就对岳飞等爱国英雄人物十分敬佩。而林则徐之所以能够达到这种救国忘我的高度，原因就在于他自己所说的"无欲则刚"。

1839 年 3 月，林则徐以钦差大臣的身份来到广州查禁鸦片，亲手写了这样一副堂联：海纳百川，有容乃大；壁立千仞，无欲则刚。

"无欲则刚"——杜绝私欲，才能刚正不阿，堂堂正正做人、干事业。这就是他的胸怀！

林则徐笔下的"欲"，指的是利欲、权欲、官欲、名欲等一切有碍于秉公执法、除弊兴利的私欲、邪欲。林则徐主持禁烟活动，无愧于"无欲则刚"这四个掷地有声的大字。他的一生也是对这四个字的最好诠释。

他在湖广总督任上，在取缔鸦片贩子的同时，自家出钱配制大量"断瘾药丸"，强迫吸食鸦片者服用，是因为他无利欲。

他在奏章上向道光皇帝力陈必须严惩官衙中那些不仅自己吸食，而且

"力能包庇贩卖之人"的官吏，而决不搞官官相护、为自己捞好处那一套，是因为他无官欲。

他奉命进京路经河北安肃县城时，直隶总督琦善从京师赶来，以禁烟会引起外国武装干涉相威胁，要他不要挑起边疆的战事。他却毫无惧色，毫不屈服，面对面据理力斥。这充分证明了他毫无迎奉权贵以保乌纱之欲。

他抵达广州后即查封烟馆，传讯十三洋行商人，并通过他们通告外商如数报明所存鸦片，限三日内悉数缴出，不得有丝毫偷藏，同时要具结保证"永不敢夹带鸦片，如有带来，一往查出，货尽没官，人即正法"。这是他绝无惧外媚外、贪生怕死之欲。

林则徐在诗中写道："苟利国家生死以，岂因祸福避趋之。"(《赴戍登程口占示家人二首》)袒露了他"无欲则刚"的博大胸怀。"无欲则刚"是林则徐留给中华民族的宝贵财富。

中华民族几千年来不仅以吃苦耐劳、多才多艺著称于世，同时又是追求自由、热爱祖国、反对压迫、忠诚正直的民族。中华儿女重气节、脊梁直、骨头硬，古往今来，浩然正气之士灿若群星。他们做人光明磊落，为国家、为民族气壮山河；他们的言行与日月同辉，光照千秋万代，教育、激励着无数后人。

识时务者善屈伸

识时务，就是能够认清客观形势或时代潮流，能够跟着客观形势或时代潮流的变化而变化，因时制宜，顺势而动。无论中外古今，只有识时务的人才能成为时代的俊杰。反之，如果不识时务，不顾客观条件的变化和限制，逆境而行，盲目蛮干，其结果只能是以卵击石，被时代的车轮碾碎或甩在后头，最终一事无成。

识时务的人，都是订下了合理的目标，然后努力去实现，获得快乐与满足。所以，每个人的一生都必须有合理的人生目标，每一天都应有合理的具体计划。合理的目标和计划是生活和工作的希望，它带给人们对未来的憧憬。因此，有了目标就有了积极振奋的心志，就有了处世的快乐。

人生总免不了有喜有悲，有顺有逆。我们应该相信，挫败与顺境的轮番出现是生活的本来面貌，正所谓"人有悲欢离合，月有阴晴圆缺"。要想不让苦恼纷至沓来，就必须识时务。

使人没有成就、陷入平庸的并不是能力不足，而是见识不够，不能与时俱进。

有句俗话说："人穷怪屋基。"其意是讽刺有问题不从自身找原因，而是一味归咎于客观原因的现象。

我们每一个人心中都有纯澈的光明面，只要不沉迷于个人的享乐之中，将恶习统统清除，就会很快变得开朗，情绪状况改善，快活自然流露出来。

要想培养与时俱进的精神力量，建议你按照以下五种方法去做：

1. 遇到困难时，诚实检讨，寻求改进，不要推诿或找借口自我原谅。

2. 身体状况不仅会影响你的生活态度，还会影响你的情绪。所以你一定要有规律地作息，每天适当地运动，坚持下去。

3. 从正面看问题。当你全盘了解事情真相之后，要以自信和乐观的态度去面对它，并付诸实践。

4.阅读书籍，养成阅读名人传记的习惯。与时俱进是每一位成功者的特质，从他们的传记中，你将有机会与他们神交，获得许多有益的启示。

5.积极交友。与时俱进的思想，最容易从朋友那里获得，因此你要交几位品德好、积极乐观的朋友。从朋友那儿你不但可以得到友情，而且可以得到美好的精神生活和处世智慧。

识时务，是一个人获得成功、幸福和快乐的必要能力。如果把这个理念导入安身立命的规则中，正如麦当劳的创始人雷·克洛克所说："我相信，每个人都可以创造自己的幸福，也必须敢于承担责任，解决自己的难题。"

要有大志气和志向

几个木工去给一家建筑公司的办公室维修地板，其中一位勤奋好学的年轻人在完成分给他的任务后，还将这家公司几个房门的坏锁修好了。有的同事说他傻，问他何必给自己找事情做，有的人还说他就是多干活儿了，老板也不会另外给他工资。年轻人笑笑说："我之所以这么做，是因为我想让这些门锁经久耐用，直到我自己成为这家公司的老板用上它们。"这位年轻人自从立下了将来要成为那家公司的老板的志向后，工作之余更加认真学习，经过多年的努力，他真的成为那家公司的老板，用上了他曾经维修过的门锁。

大丈夫做人堂堂正正，内心世界方方正正。李白说："大丈夫必有四方之志。"（《上安州裴长史书》）刘炎说："君子志于泽天下，小人志于荣其身。"（《迩言》）齐国的王子垫问孟子："士何事？"孟子回答说："尚志。"（《孟子·尽心章句》）孟子的话可以理解为：士人总是使自己志行高尚。曾国藩说："人才以志气为根本。"北宋理学家谢良佐说，做人应该立志。立志以后，做人做事就都有了依靠。比如树木，必须首先有树根，然后对它细心培养、浇灌，这棵树日后才能成长为栋梁之材。凡夫俗子之所以是凡夫俗子，就是没有树立远大的志向。那些小有志向的人，他们毕生追求的也只是局限在升官发财和吃好穿好之上。这样的人，即使能当大官、发大财，或者享受着一时的荣华富贵，但是对人生的意义没有丝毫的感悟，最终依然浑浑噩噩、庸庸碌碌。

做人要立志，要树立超人超世的大志向，要树立改造天地、创造历史的大志向。人秉承天地的灵气生存生活，就应该对天地、对人类、对历史、对父母、对家庭有所奉献。这种奉献，不是吃喝穿戴、生儿育女能完成得了的。所以说，立志是做人的第一件大事。

文天祥说："人生自古谁无死。留取丹心照汗青。"（《过零丁洋》）元朝学者王恽说:"成事自来输有志,不教勋业镜中看。"(《送刘侍御》)宋代名儒张载说:"为天地立心,为生民立命,为往圣继绝学,为万世开太平。"(《横渠语录》)"众生无边誓愿度,烦恼无尽誓愿断。法门无量誓愿学,佛道无上誓愿成。"(《四弘誓愿》)这些名言,是这些名人做人的志向和抱负,也是他们做人的理想和目标。这些名言,折射出震撼人心的气概,表现出纯真高尚的境界。

小时候,长辈就要求我们做人要有志气,做事要有志向。做人要有志气,是因为立志是做人的根本,也是做人的力量;做事要有志向,是因为立志是做事的目标,也是做事的道理。我们要做一个顶天立地的人,首先就要树立顶天立地的志向。立志做大人,就要以圣贤为追求的目标;立志做大事,就要以英雄为追求的目标;立志求富贵,就要以名利为追求的目标;立志求温饱,就要以衣食为追求的目标。想做圣人,就要有圣人的理想;想做英雄,就要有英雄的理想。志向和理想,能引导我们奋发向上,能提高我们的人格、精神品德和地位,使我们虽身处尘世却能超越尘世,从而创造成功,不被滚滚红尘淘汰、淹没,留下遗憾。

做人立定志向,将来才有路可走。雄图大志,是成就伟大事业的基础。世间没有不立下志向,而做事能成功的人。一切才智、自信和勇敢,都以雄图大志为根本。王阳明说,不肯树立志向,做事就不能成功;没有志向,就仿佛没有轮舵的航船,没有缰绳的奔马,随风飘荡,任意驰骋,永远都不会到达终点。做人,只有立志,立天下第一等大志,立志以天下为己任,才能成大业、立大功。古往今来的圣贤、豪杰,做人都以方方正正的志向为根本。

第四章

给面子万事留有余地

凡事留有余地，圆润为人，不把话说绝，不把事做绝，这样的人才充满人情味，才能在人情社会中交友自如，不断得到他人的好评与敬重，拓展良好的人际关系网络。而那些凡事较真、不留余地的人最终会失去所有的朋友，成为孤家寡人，人人见而远之。留三分余地给别人，就是留三分余地给自己。在平时的工作与生活中，给别人留有余地，同样是一种可以帮你成功的美德。

顾全面子，给人铺台阶

在谈话中，对方坚定地表达了一个观点，你不同意，要改变他的观点时，首先要顾全他的面子。因为他若同意你的意见，也就等于承认他是故意撒谎，他的自尊心使他难以接受。

一家商场来了一位顾客，要求退换她给丈夫买的一套西装。她已经把衣服带回家并且穿过了，只是她丈夫不喜欢。她坚持说"绝没穿过"。

售货员检查了外衣，发现有明显干洗过的痕迹。但是，直截了当向顾客说明这一点，顾客是绝不会轻易承认的，因为她已经说"绝没穿过"，而且精心伪装了衣服上那些穿过的痕迹。这样，双方可能会发生争执。于是，机敏的售货员说："我很想知道，是否你们家的某位成员把这件衣服错送到干洗店去洗过了。我记得不久前也有过同样的经历，我把一件刚买的衣服和其他衣服一起堆放在沙发上，结果我丈夫没注意，把这件新衣服和一大堆脏衣服一股脑儿地塞进洗衣机。我怀疑你是否也会遇到这种情况——因为这件衣服的确有已经被洗过的明显痕迹。不信的话，你可以跟其他衣服比一比。”

顾客比较了一下后知道无可辩驳，而售货员又为她的错误准备好了借口，顾及了她的面子，给了她一个台阶。于是她顺水推舟，乖乖地收起衣服走了，一场可能的争吵就这样避免了。

在广州的一家著名酒店，一位外宾吃完最后一道菜，顺手就把精美的景泰蓝筷子悄悄地插进了自己西装内衣的口袋。这一幕被服务小姐看到了，只见她不动声色地迎上前去，双手捧着一只装有一双景泰蓝筷子的小盒子，对这位外宾说：“我发现先生在用餐时，对我国景泰蓝筷子爱不释手，非常感谢你对这种精细工艺品的赏识。为了表达我们的感激之情，经餐厅主管批准，我代表酒店，将这双图案最为精美，并经过严格消毒的景泰蓝筷子送给您，并按照酒店的‘优惠价格’记在您的账上，您看好吗？”这位外宾自然听出了服务小姐的弦外之音，在表示了一番谢意后，说自己多喝了两杯，头脑有点发晕，误将筷子插入了口袋。然后，外宾聪明地借此下“台阶”，说：“既然这种筷子没有消毒就不好使用，我就‘以旧换新’吧！”说着，他取出内衣口袋里的筷子，恭恭敬敬地放回桌上。

人们通常会为谎言寻找各种借口，你若想戳穿对方的谎言，必须懂得如何把他从自我矛盾中解救出来，主动地改正错误。

人们都有一时冲动，做错事、说错话，得罪人的时候，如果你以牙还牙只会使事态变得更严重。说话顾全对方的面子，会使其产生愧疚感，主动改正错误。

有一位老师曾遇到过这样一件事：下课了，有个女学生向老师反映，昨天她爸爸作为生日礼物送给她的一支黑色派克钢笔不见了。老师观察了一下全班同学的表情，发现坐在女生旁边的那个学生神情惊慌，面色苍白。可想而知，钢笔十有八九就是她拿的。当面指出吧，不给这个学生面子，肯定会让她心灵受伤。这位掌握有一定心理学技巧的老师想了想说：“别着急，肯定是哪个同学拿错了。只要等会儿她发现了，一定会还给你的。”说完，老师看了看那个学生。果然，下课以后，那个拿了钢笔的同学趁旁人不在的时候，赶紧把钢笔放回到那个女同学的笔盒里。

　　责怪别人是做人的失误。因为错误已经犯下了，责怪不仅于事无补，反而会使人产生抵触情绪，并拼命辩解自己的"错误"是"正确"的。同时，责怪也是危险的，因为它更直接地伤害了一个人的自尊，严重挫伤了他的面子。

关键时刻替领导挽回面子

领导者在决策时，也会有失误。这时有"心计"的做法应该是大胆地站出来为领导作解释与协调工作，为领导挽回面子。

公司里新招了一批职员，老板抽时间与大家见个面。

在点名的时候，老板叫道："李子蕊（ruǐ）"。

全场一片寂静，没人应答。

老板又念了一遍。

一个女孩站了起来，怯生生地说："我叫李子芯（xīn），不叫李子蕊（ruǐ）。"

人群中发出一阵低低的笑声。老板的脸色有些不自然。

"报告经理，是我在制作新员工名单时把字打错了。"一个精干的小伙子站了起来，说道。

"太马虎了，下次注意。"老板挥了挥手，继续念了下去。

这位员工真是个"补台"能手。一周之后，他被升为公关部经理。

"金无足赤，人无完人"，上司也是如此。工作千头万绪，用人管人千难万难，疏忽和漏洞在所难免。这时候，作为下属就应该主动出击，帮助上司更改差错，往自己身上揽些责任！无论哪个上司都喜欢给自己补台的人，如果你在关键时刻给上司来个"落井下石"，那么你就要小心你的前程了。

某公司部门经理刘某由于办事不力，受到公司总经理的指责，并扣发了他们部门所有职员的奖金。这样一来，大家很有怨气，认为刘经理办事不当，造成的责任却由大家来承担，所以一时间怨气冲天，刘经理处境非常困难。

这时候，秘书小张站出来对大家说："其实刘经理在受到批评的时候还为大家据理力争，要求总经理只处分他自己而不要扣大家的奖金。"

听到这些，大家对刘经理的气消了一半儿，小张接着说，刘经理从总经理那里回来时很难过，表示下个月一定想办法补回奖金，把大家的损失通过别的方法弥补回来。小张又对大家讲，其实这次失误除刘经理的责任外，大家也有责任。请大家体谅刘经理的处境，齐心协力，把公司业务搞好。

小张的调解工作获得了很大的成功。按说这并不是秘书职责之内的事，但小张的做法却使刘经理如释重负，心情豁然开朗。接着刘经理又推出了自己的方案，进一步激发了大家的热情，很快纠纷得到了圆满的解决。小张在这个过程中的作用是不小的，刘经理当然对他另眼相看。

有"心计"的下属并不是消极地给领导留面子，而是在一些关键时候、"露面"的时刻给领导争面子，给领导锦上添花，多增光彩，取得领导的赏识。

张作霖在一次给日本"友人"题词时由于笔误，把"张作霖手墨"的"墨"字写成了"黑"，有人说："大帅，缺个土。"正当张作霖一脸窘相时，另一人却大喝一声："混蛋，你懂什么！这叫'寸土不让'！大帅能轻而易举地将'土'拱手送给别人吗？"一句话即保住了张作霖的面子。后来他成了张作霖的左膀右臂。

有"心计"的下属善于把握上司的心意，揣摩上司的心理，甚至还能抢先一步，将上司想说而未说的话先说了，想办而未办的事先办了，把上司乐得美滋滋的。自然，上司的回报也总是沉甸甸的。

时刻关注领导的权威和面子是非常重要的。一般来讲，领导有几愿几不愿，主要表现在以下三个方面：

1. 领导愿意领赏，不愿受过

闻过则喜的上司固然好，但在现实生活中真正能做到这一点的人却寥寥无几。大多数领导是闻"功"则喜，闻"奖"则喜。在评功论赏时，领导总是喜欢冲在前面；而犯了错误或有了过失之后，许多领导都争着往后退。此时，领导亟待下级出来保驾，敢于代领导受过。

代领导受过除了那些原则性或特别严重的错误外，实际上无可非议。从组织工作整体讲，下级把过失揽到自己身上，有利于维护领导的权威和尊严，把大事化小、小事化了，不影响工作的正常开展。从受过的角度讲，代领导受过实际上培养了一个人的"义气"，并使自己在被"冤枉"的过程中提高预防错误的能力。结果，因为你替领导分忧解难，赢得了他的信任和感激，以后领导一定会回报你，给你"吃小灶"。

领会上司的意图，是非常重要的。我们经常听到上司说某某"悟性好"，也经常听到上司抱怨某某"死脑筋"。由此可知，善于表现的重要方面是领悟上司的意图。要学会领会上司的意图，读懂上司的心理，这需要长期练习。只有经常紧紧跟着上司关心的敏感点进行思考，才会具有把握上司意图，工作思路方面超过别人的可能性。

2. 领导愿意做大事，不愿做小事

领导的主要职责是"管"而不是"干"，是过问"大"事而不是拘泥于小事。实际工作中，大多数小事由下属承担。领导因为手中有较大的权力、较高的职位，面子感和权威感较强，做小事在他看来显然降低了自己的"身份"，有损上级领导的形象。

3. 领导愿做"好人"，而不愿做"坏人"

愿当好人，不愿演配角的心理是一种很普遍的领导心理。此时，领导最需要下级挺身而出，充当马前卒，替自己演好这场"双簧"。当然，这是一种较艰难而且出力不讨好的任务，一般情况下领导也难以启齿向下级明说，只有靠你揣测上级的意思然后再硬着头皮去做。做了，领导心里有数，但不会公开表扬你；如果下级因为粗心或不看领导的暗示而把领导弄得很尴尬，领导肯定会在事后发火。

工作中有矛盾和冲突时，领导一般都喜欢由自己充当"好人"，而不想充当得罪别人或有失面子的"坏人"。很多领导在碰上他真想合作的对象或他肯出手相帮的人，就会亲自出面，卖个人情。对不好处理的矛盾，一般由他的下属出面以各种不同的理由回绝对方。

常言道：得饶人处且饶人，退一步海阔天空。对领导更应这样，领导并不总是正确的，但领导又都希望自己正确。所以没有必要凡事都跟领导争个孰是孰非，给领导个台阶下，维护领导的面子，对你以后跟领导办事会大有益处。

在一些小事情上，特别是没有太大关系的事情上，被领导错怪了，就采用"忍"的策略为佳，大可不必去申辩。因为，领导总是希望大事化小，小事化了，希望不出大乱子，希望大家都听他的。如果你为了一点小事便不厌其烦地为自己申辩，以至于给领导造成过多的麻烦，弄得领导很没面子，那么尽管你的申辩是正确的、有力的，其客观效果也并不好，反而会使领导讨厌你，认为你心胸狭窄，斤斤计较。

如果你觉得有必要予以申辩，使用的语言和态度如何也是十分重要的。对此，除了考虑到当时领导的心情以及领导的性格特点与工作方式以外，非常重要的是，你切不可表现出蒙受冤枉的委屈状，而应该表现得非常豁达，首先肯定对方也许是无意中错怪了你，这样，便给对方一个很好的台阶下，以便于改变对方的观点。另外一点是，在申辩的过程中，最好多用事实讲话，用事实证明自己没错，而不要直接用语言表示自己没有责任。最好避免在语言中出现"不是我的错""我没有责任"等话语，以免直接刺激对方，使对方产生强烈的抵触情绪。

在批评中加点糖

有"心计"的人会寓批评于褒扬之中，给苦口的"良药"包裹上一层糖衣，从而使对方愉快地接受批评。

三国时期，曹操准备征服关中后，即回师洛阳，可是关中豪强许攸拒绝率部归顺曹操，还说了许多谩骂曹操的话。曹操大怒，准备下令讨伐许攸。

群臣纷纷劝曹操宜用招抚的办法使许攸归服，以便集中力量对付蜀、吴的侵扰。曹操却丝毫听不进去，横刀膝上，群臣们吓得不敢作声了。

杜袭却仍上前劝谏，曹操劈头喝道："我的主意已定，你不要说了。"杜袭问："殿下看许攸是个什么样的人呢？""不过是凡人罢了。"

杜袭说："对呀，只有贤人才了解贤人，圣人了解圣人，像许攸这样的凡人，怎么能了解殿下非凡的为人呢？所以，你犯不着跟他生气。现在大敌当前，豺狼当道，你却要先打狐狸，人们会议论你避强攻弱的。这样的进军算不上勇敢，收兵也算不上仁义。我听说张力千钧的强弩，不会对小老鼠扣动扳机；重量万石的大钟，不会因为小草棍的敲打而发出声音。现在小小的许攸，哪里值得烦劳殿下的圣明威严呢？"

曹操听了这番话，觉得很顺耳，已经伤害的自尊心得到补偿，面子上也能下得来台，就很爽快地接受了杜袭的劝告，以优厚的条件招抚许攸，许攸果然归服了。

据史载，唐代魏王李泰喜欢文学，受到唐太宗的宠爱。有人说大臣中有瞧不起李泰的，唐太宗大怒，当着众大臣责备道："隋文帝时，众大臣都被诸王踩在脚下，我如果放纵他们也这样做，岂不折杀诸位，使诸位蒙受耻辱吗？"魏徵一听皇上说话离了谱，赶紧接上说："若说法纪纲常被彻底破坏，固然不必理论，如今圣明君主在，魏王当然没有辱没群臣的道理。隋文帝娇纵他的儿子，最终都做了刀下之鬼，这也值得效法吗？"

唐太宗听了，高兴地说："我因私爱而忘公义，听了您的话才知道自己理屈。"

魏徵之所以能够说服唐太宗，是因为赞美唐太宗是"圣明君主"，给他点面子，先让他心里舒服一下。如果魏徵以硬碰硬，结果就会大不一样了。

"请提宝贵意见。"人们说这句话的时候，心里期待的往往只是对方的赞扬。坦率提出批评意见的人，即使不因此招人怨恨，至少也难以受到欢迎。这是因为人类都有强烈的自尊心，都要面子，都希望受到表扬而拒绝批评。明知别人有过失而不及时批评纠正，无异于怂恿其继续犯错误，但在提意见时如果施行"无麻醉手术"，言辞过于直白、激烈可能使对方加剧错误的程度。

如同赞美有助于敞开一切大门一样，在批评中柔和褒扬，就会满足对方的面子需要，有助于克服批评中经常遇到的面子障碍。而一旦发生这种面子障碍，受批评者就会产生抵触情绪乃至强烈的对抗情绪，容易使人变得非理智，以固执己见来排斥批评。

当然，批评的艺术方法还有很多，但均要求优先考虑对方的心理，一般都要照顾对方的面子，例如不点名批评法、旁敲侧击的暗示批评法、不当众人面批评法、由回忆自己的过失而来的间接批评法等。

"背后鞠躬"更有效

采用委婉的赞美方式，往往比直白的赞美更易于让人接受。

有位妻子非常懂得如何使用"背后鞠躬"的"手段"。刚结婚时，以前的闺中密友经常打电话和她聊天，每当别人问道："你现在还好吗？"她总是满脸幸福的笑容并回答："我很幸福！他对我很好，一旦我身体稍有不适，他就紧张得不行，还时刻叮嘱我并喂我吃药……还有他的厨艺很好，做的饭菜很可口……我工作忙的时候他就收拾家务，比我打理得还好……"而在她这样说的时候，她的丈夫一定就在她不远处边做自己手边的事边竖直了耳朵在听，心里自是甜蜜万分。事实上，刚开始时他只会做点汤，收拾屋子也是偶尔为之。听了妻子在别人面前这样夸他，他就更愿意去做了。

这位妻子真是颇有"心计"，试想一下，作为丈夫，当他听到自己的妻子在别人面前如此夸赞自己，能不在以后的日子里好好表现吗！

一次，有人告诉林肯总统，国防部长斯坦顿曾在背后骂他是该死的傻瓜，明显这是传话人从中挑拨离间，想讨好总统而搬弄是非故意制造事端。

岂料林肯总统非但没有表现出对国防部长的一丝怀疑和怪罪，相反心平气和地说道："如果斯坦顿对我的评价是一个该死的傻瓜，那么很可能我就像他所说的那样。我深知他的为人，他办起事来十分认真，而且所说之话十有八九都是正确的。"

一传十，十传百，林肯的话很快就传到了斯坦顿的耳朵里，他深受感动，觉得自己非常惭愧，并主动向林肯表示了他崇高的敬意和歉意。

回想林肯听到传言时，虽然意识到国防部长对自己有意见，但是如果自己当场否定他，事情必定只会越来越糟。而如果他在众人面前能表明自己对斯坦顿的信任和肯定，有意识地借"义务传声筒"将话传回去，反而可以促进对方调整自己的言行。

103

动听的话、赞美的话，当着别人的面说自然能够生动并及时地表达自己对对方的欣赏，这不失为一种有效地获得好人缘的方法，但如果像林肯总统那样在"背后鞠躬"，那么更能收到意想不到的效果。

"背后鞠躬"说得通俗一些，就是通过第三者在无意间转述自己对他人的好感或者赞美，或者通过创造某种特定的环境条件让对方听到自己对他过高的评价。

通常人都有这样的心理，如果别人对他的印象和评价与自己期望的不一样，他就会自觉地调整和修饰自己的言行，以期符合别人对自己的看法。例子中的那位妻子正是深深懂得了"背后鞠躬"的奥妙，从而轻易地征服了她的丈夫。

当面赞美别人尽管也能拉近彼此的距离，但难免有时会让人觉得有一些恭维的成分在里面，带有奉承的色彩。但"背后鞠躬"就避免了这些弊端，受表扬的人不在场，因此这个"鞠躬"肯定会被认为是发自内心的、是诚恳的，因此更容易让人相信和接受。

善待别人的尴尬

在别人尴尬时，要善待别人的尴尬，尽量帮其解围，使其脱离困境。

在一次家宴上，小周一直在抱怨水煮鱼不好吃："要是让姨妈做就好了，她做这道菜是很有名的。"姨妈在旁边微笑不语。弟弟白了小周一眼："这菜是姨妈今天特地做给你吃的。"小周大惊之下，知道自己出言不慎，一时不知如何解释，脸一下子红了。姨妈笑着对小周说："不用难为情嘛！这菜不好吃是事实，我把盐放多了，明天姨妈重做，让你们尝尝并提提意见，让我这手艺更加有名。"

一位朋友曾经在商店把一位短发的售货员当作男士招呼，当她转过身，他才发现人家分明是黛眉朱唇的小姐。小姐看到他难为情的样子，便打趣说："看来，明天我得穿裙子来上班了，不然恐怕连我的男朋友从背后也认不出我了。"小小的玩笑，显示出了她的善解人意和风趣，也让那位朋友的尴尬烟消云散。

这类事情生活中也常碰到，别人会因为无意中伤害到你而感到羞愧万分，左右不是，这时你不妨用恰当的言辞宽容待之。

邓老师前几天与爱人吵架，今早刚刚和好，不知从哪儿听说女儿受了委屈的丈母娘一早便气势汹汹地到学校找女婿评理。见此情景，一位年轻老师赶快打圆场说："伯母，怎么您来时没碰到您的女儿啊？她说要到商场给邓老师买套西装，还要买些好菜请您老人家吃饭呢！"别的老师也随声附和，老太太一听，知道女儿女婿已经和好，也不好意思再闹下去，乐呵呵地走了。事后，邓老师真的请岳母吃了饭。

因此，在你能够帮上忙或为别人做出解释的情况下，你应当尽可能地帮助他走出进退两难的尴尬境地，而千万不要在旁边幸灾乐祸。

让人尴尬的事总是突如其来，不管你与他是素不相识，还是相知好友，在别人突然陷入尴尬境地的时候，你都该尽可能地伸出援助之手，帮他解围。

在别人出洋相的时候发出笑声是极不礼貌的举动，也可以说是对别人的侮辱。尽管你在笑时并不存什么恶意的讥讽，但在别人看来会认为是对自己出丑的嘲弄，而感觉受到侮辱。

在日常生活中，马路上不小心跌倒、大庭广众下说句错话或衣服扣子突然崩掉等，都是很平常的事，应尽量做到泰然处之，不要贸然发笑，给人留一个好印象。

在别人尴尬的时候，若你实在不便插话帮助解围，那么最好的办法就是视而不见，暂时离开，让别人能够无所顾虑、心平气和地处理这些意外。

把别人的尴尬事情当作故事、笑话四处宣扬，这是不道德的行为。中国人特别看重面子，自己的难堪事越少被人知道越好。如果你在这方面不注意的话，就很容易招致别人的反感。

在生活中，每个人都有过面红耳赤、非常难堪的时候，这时，我们不妨宽以待之。

保住面子即是保住自尊

胡雪岩曾说过:"面子就是招牌,面子保得住,招牌就可以不倒。"他特别重视面子,即使在危机四伏、大厦将倾之时,也不忘记保住面子。

上海阜康挤兑风潮,第二天就波及杭州。胡雪岩从上海返回杭州,还没有下船就得到了消息。而得到消息之后,他首先想到的是要把面子保住。为此,他采取了三个措施:

1. 所有一应排场照旧

胡雪岩一到杭州,在胡家地位比较特殊的乌先生就上船报告上海、杭州两地的"灾情",同时他建议胡雪岩移舟到离家更近的万安桥登岸。胡雪岩由外地回杭州一向是在杭州城里最热闹的望仙桥码头上岸。而且每次回杭州,都要家人接轿,摆出极隆重的排场,常常会引来大群看热闹的行人。乌先生的建议自然是因为风潮已起,希望胡雪岩不要过于张扬。但胡雪岩没有接受乌先生的建议,而且要求一切排场照旧。这当然是为保住面子,胡雪岩不能让别人以为阜康挤兑风潮一起,他就灰溜溜的了。

2. 阜康营业照旧

胡雪岩一到钱庄,就否定了钱庄档手谢云清和螺蛳太太商量的钱庄停业三天的决定,要求照常卸下排门做生意。不仅如此,他还要求谢云清连夜查看储户账目,做这两件事情:一是提早将几个大户的利息结算出来,把银票送到他们门上去;二是告诉那些大户,年关已近,要提款应付开销的,尽可交代,以便预先准备。这是守信用,更是要做回面子。

3. 原拟要办的三女儿的喜事也照旧

胡雪岩此次从上海回杭州,其实主要就是为三女儿的婚事。虽然还没下船就知道了要命的"噩耗",但胡雪岩一进家门,就告诉螺蛳太太,女儿婚事该怎么办还是怎么办,一切照常。而且,再难也要做到,不管用什么办法,场面无论如何要撑起来。这当然更是做面子。阜康挤兑风潮一起，是否仍按以前排场大肆操办女儿婚事，正是为众人瞩目的一件大事，如果女儿的婚事一改原来胡家办大事的排场风光，自然更是没有了面子。胡雪岩不能"丢"面子。

如此处置的效果是十分明显的。第一，这些措施使客户保持了对阜康的信心，由此稳定了人心并保住了自己的信誉。第二，稳定了人心，也稳定了大户，使原本可能参加挤兑的大户不再加入挤兑风潮，减少了很多压力。

这是胡雪岩在危机中力挽败局的重要手段，只要在人们心中阜康的招牌不倒，就意味着还有重振的希望。

中国是一个重人情的民族，多数人在很多时候相当爱面子，对于面子的执着，使面子成为他们保护自我的甲胄。有时候他们知道自己在想什么，也知道自己有某种需求。但是，他们的行为却无法很一致地表现出来。由于受到"面子"的影响，他们必须赋予他们的行为某种装饰，此番的装饰是为了在外观上让别人看了有更高的评价，甚至最后的行为是否真正地符合自己的需求，那已经不太重要了，因为很多人把自己生活的目标定为"让别人看得起"。

多数人爱面子怕丢脸，在人际交往中，很注重给别人面子，因为给别人面子同样也是自己有面子的表现。多数人总是希望自己比别人更有面子，在这种对面子的追逐中，他们都努力使自己更有面子，其结果是大家都越来越重视面子，面子在社会中所发挥的作用也越来越大。

有"心计"的人都知道，讲面子应该量力而行，应该不失其本来面目、不失其赤子之心才是。面子是形式，重要的是内容；面子是表象，更重要的是本质。没有形式与表象，内容与本质无从体现。但是，如果过于讲求形式与表象，就会虚饰浮华，变得本末倒置、不伦不类。只有把握分寸，掌握适度，使面子与灵魂、内容与形式、表象与本质融为一体，才能相得益彰、臻于完美。

让对方做主角，会让他很有面子

处在低矮的位置，才知道攀登高处的危险；在昏暗的地方，才知道当初的光亮过于刺眼；保持宁静的心情，才知道奔波的辛苦；保持沉默的心性，才知道多言带来的烦躁。

一部电影中往往只有一个或两个主角，这个主角该由谁来扮演呢？自然是最合适的人出演。这样的话，做主角的只是那么一两个人，多数人都将出演配角的角色。

在社会交际中，我们也常常面临着是做主角还是做配角的选择，当然每个人都希望自己能够出演主角，这是人的一种自我表现的本能。但是你不可能永远做主角，大多时候你都将以配角出现。在一些特别的社交场合中，有些聪明的人总会心甘情愿当配角，让对方当春风得意的主角。对他来说，这并不是一种失败，甚至可以说这是一种决策性的胜出，他让出的只是一个主角的虚名，而赢得的却是真正的实惠。

真正聪明的人总能一眼看出其中的诀窍。事实上也确实如此，如果你想赢得别人的好感和信任，最巧妙的办法就是让他做主角，而你心甘情愿地当配角。你满足了他的表现欲，他就会满足你的一切。比如你想与某个重要人物结交，或有什么事需要朋友帮助，这时你就需要把主角让给对方，使对方过一把主角瘾。等对方心理满足后，他就会配合你，心甘情愿地帮你解决一切难题。

三国时期，有一单"生意"可称经典之作，那便是"三顾茅庐"。刘备听说南阳诸葛亮有经天纬地之才，于是亲身前往相邀。一顾茅庐，诸葛亮避而不见，张飞耍起了牛脾气，大骂诸葛亮，可刘备制止了他；二顾茅庐，诸葛亮仍不相见，一向稳重的关羽也耐不住性子了，可刘备仍然毕恭毕敬，以表诚意；三顾茅庐，诸葛亮故意刁难迟迟不与相见，三位当世英雄站在阶下几个时辰，最后诸葛亮才答应出山。

在这里，刘备可谓给足了诸葛亮面子，心甘情愿做配角且毫无怨言，诸葛"村夫"过足了"主角瘾"。可刘备更是个聪明人，他做了一回配角，却赢得了三分之一的天下，可谓赚大了。生意场上也是如此，人们都希望被尊重，特别是一些已经有了较高社会地位、有所建树的能人学者，大都有一丝清高和些许傲气。与他们交往时，我们就须礼让三分，让对方当一回"主角"，一旦你的诚心感动了他们，他们会加倍信赖你，以各种形式来回报你的知遇之恩。死心塌地的创业同伙、做事专注的得力助手，往往都是这样来的。

如何把主角让给对方且又"让"得不露痕迹呢？

1. 主动为你的"上帝"服务

一个关键人物，可能就是改变你命运的"上帝"。当你遇到了自己的"上帝"，一定要抱着主动为之服务的心态，了解"上帝"的爱好、习惯、性格等，这是最基本的步骤。在此基础上，为其量身打造一部主角的情节，对方很快就能入戏，你的"生意之戏"也将进行得有声有色。

2. 低调做人，高调做事

如果你想把生意做成，就得时刻保持着低姿态，表现得谦虚、平和、朴实、憨厚，甚至愚笨、毕恭毕敬，这样对方就会感到备受尊崇，心理上会有一种极大的满足。其实，你的低姿态只是一种表面现象。世界上第一流的企业家都是大智若愚型，为什么呢？就是因为他们遵循了这条规律：低调做人，高调做事。因此，要想把事办成，把生意做好，你不妨常以低姿态出现在别人面前。别人有了安全感，你才有安全感。

3. 莫让他人丢面子

著名作家钱锺书先生，他在委婉拒绝别人时常常妙语连珠。有一次，有人送给他一笔高额酬金，他莞尔一笑："我都姓了一辈子'钱'了，难道还迷信钱吗？"巧用幽默，对方即使知道你是在拒绝他，也会会心一笑。因为他的面子得以保全，哪怕旁人知晓了这件事，也不会对他产生任何负面的看法，可谓高明。

对事不对人，不轻易伤别人面子

用严厉的态度对待小人并不难，难的是内心并不憎恶他们；对品德高尚的君子恭敬不难，难的是做到真正有礼。

很多人都信奉"对事不对人"这一处世原则。客观地分析问题，在处理日常事务时针对的是问题本身，而不是某个人。每当遇到难以解决的纠纷和矛盾，大家都会想起这一处世法，作为自己处理事务的准则。

明朝万历年间，一个官员因手下一名小吏的工作犯了低级错误而严加批评，把他教训得狗血喷头、眼冒金星。但在回府的路上遇到他，官员又亲切地对他礼貌相待，真诚地关心他的生活所需。

小吏惭愧道："我这么不称职，大人为何还如此礼待我？"官员笑说："你的错在衙门之内，与衙门之外有何相干？"小吏听了很受感动。

这就是"对事不对人"的处世原则。对事不对人，无论事情做成什么样，这个做事的人在人格上跟自己是平等的。上班的时候有失误，不代表他下班之后应该继续被训斥。随着时间的流逝，错误可以更改，而原本不犯错的人也许会出错。正所谓，坏人可以变成好人，好人也能变成坏人。

人有贵贱之分，对坏人、弱者或自己不需要的人，许多人骨子里就带着轻蔑的态度，缺乏基本的尊重。可一旦见到强者、富人、名人，立刻就表现得十分殷勤，以崇拜者的姿态仰视对方，不拿自己的人格当回事，让受者不屑，观者不耻。这就是不懂做人做事之道的表现，这样的人处世是相当轻率的。

一个人，今天是小偷，明天换个新环境，可能就会成长为勤劳能干的好人。而一个曾经勤政为民的好官，经受的诱惑多了，也有可能自甘堕落，变成与国为敌的腐败分子。所以，我们要用辩证思维来看待人和事——你可以指责和批评别人做的错事，但绝不可看轻他的人格，不要把人一棍子打个半死。

为人处世，最困难的就是做到对事不对人。对事不对人，不对人性进行扭曲、伤害，不对人做道德说教、评判，不对人的素质妄下推论、结论。只针对一个人做过的错事进行批评和指责，不要因为讨厌这个人，就把他做的所有事都批得一无是处。反过来看，对那些春风得意的成功人士，我们充满崇拜之情。这是一种很正常的情结，但如果过了头，就成了谄媚，把自己放在一个卑微的位置，这当然不是聪明人应采取的态度。

要知道，一个人贬低自己，不仅得不到对方的尊重，还会遭受世人的耻笑——瞧，这人是个马屁精！这就是不对具体的事，只见人就先臣服的不客观心态。谁能瞧得起一个总是点头哈腰的人呢？你自己选择仰视别人，就休怪他人俯视你！

树立威望，也是树立面子

给人恩惠应该从淡薄到浓厚，如果开始浓厚而逐渐淡薄，那么人们就容易忘掉你的恩惠；树立威信应该先严厉而后宽松，如果先宽松而后严厉，人们就会怨恨你的冷酷。

冬天下雪的时候，一个快饿死的乞丐躺在街角的阴冷处，可怜巴巴地望着路人。有一位农夫实在不忍心，就把刚买来的鸡腿送给了他。乞丐感激涕零，拿过去就狼吞虎咽，吃完了还跪下给他磕头。没几天，农夫又经过那里，乞丐见他来了，眼睛顿时一亮。这次农夫给了他一个热乎乎的饭团，希望他能填饱肚子。没想到，乞丐失望地摇摇头，像看吝啬鬼一样瞪着他，十分不情愿地接过饭团，说他是小气鬼，诅咒他活不过这个冬天。

农夫回到家，气得睡不着觉。老婆听他讲了事情的原委，对他说："人心就是这样，永远不知足。如果你先给他一个饭团，再给他鸡腿，他一定很感激你。"

这就是阶梯递进心理在作怪。如果同时有两种食物，先吃美味佳肴，后吃粗茶淡饭，就发觉难以下咽；反之就觉得这餐饭吃得很香甜。在管理中同样如此，老板先给员工一个下马威，让他们看到自己严厉的一面，日后管理起来就比较容易。若开始宽松地要求他们，就会惯出毛病来，当你再想上紧发条的时候，难度已经增加了百倍，他们对你的严厉会感到非常反感。

有人听到如此分析，或许会认为，帮助别人竟然还不讨好，那我们就不要帮助他们好了，有了恩惠自己留着，何必给他们讨嫌呢？这样的观点显然是错误的，因为我们绝对不可忽视帮助他人在人际交往中的重要作用。凡是真正聪明的人都懂得——给别人小恩小惠是开拓和巩固人际关系的"常规武器"。很难想象，一个从不帮助别人的人能在这个社会上吃得开。因为人情就是财富，让别人欠你一个人情，就等于写下了一张不定期归还的欠条，将来一旦有机会，别人肯定加倍地还给你。但是，帮助人也绝非饿虎扑食，不分轻重、不讲策略地扑上去这么简单，像上面这位思想单纯的农夫，他虽然做了助人为乐的好事，却得不到好评，原因就在于第一次给得太多太好了，反而提升了乞丐对他第二次施舍的期待。

《菜根谭》中有这样一段话："千金难结一时之欢，一饭竟致终身之感，盖爱重反为仇，薄极反成喜也。"意思就是，用千金来馈赠他人，有时难以打动人心换得一时之欢喜，相反有时候一顿饭的恩惠却能使人终身感激。这是因为有时过分的关爱反而变成仇恨，而一点小小的恩惠反而容易讨人欢心。善于运用小恩小惠的技巧，会让你在人际交往中如鱼得水，游刃有余。

小恩小惠，实际上就是一种感情投资，感情投资的最好方式就是在别人最需要帮助的时候雪中送炭。大家都送的时候，你的作用显现不出来，别人也无从感受你的诚意，但是在危难时送，他就会感激你。在困难中得到了帮助，他将会记得长久，感受最为深刻。古人云："滴水之恩，当涌泉相报。"为什么要报？因为没有这滴水，可能就没命了，这滴水就是活命之水。宋江为什么得到梁山好汉的尊敬？就是因为他总是在别人最需要帮助的时候出现，所以人们称他为"及时雨"。在情感投资中，及时非常关键，帮得早，不如帮得巧。

20世纪70年代初，香港的塑胶业出现了严重的危机。由于石油危机波及香港，香港的塑胶原料全部依赖进口。而此时的进口商趁机垄断价格，并抬高物价，致使许多厂家停产，濒临倒闭。在这个关键时刻，李嘉诚出现在了风口浪尖。他倡议数百家塑胶厂家入股组建联合塑胶原料公司，并由联合塑胶原料公司出面与国外原料商直接交易。由于他们现在的需求量比进口商还大，所以购进的原料价格降低，并按实价分配给股东厂家。于是，进口商的垄断局面被打破了。之后，李嘉诚还将长江公司的十三万磅原料以低于市场一半的价格卖给了一些濒临倒闭的厂家。在这次危难之中，有几百家塑胶厂得到了李嘉诚的帮助，他因而被称为香港塑胶业的"救世主"。从此以后，他在业内的威望更大，而自己的生意也越来越顺利。

最高明的情感投资就是急人之难、雪中送炭，而不是锦上添花。如果你能在别人最需要帮助的时候出手，那么你就成了他的恩人。什么时候你有了困难，别人肯定会在重要时刻助你一臂之力。在与人交往的时候，我们总是想从别人那里得到什么东西。事实上，要想得到，必先施与。但施与也要讲究技巧，并不是所有的给予都会有效果。对别人的帮助，雪中送炭比锦上添花好。如果别人这个时候不需要帮助，为了表示你的友好，你非要主动帮忙，这样就收不到应有的效果，别人反倒以为你是故意要让他欠人情，并不是真心实意地帮助。

由此可见，施恩应该从小到大，不可一下就满足对方，否则会惯坏他的胃口，导致你后来的帮助失去意义。同时还要记住，不可过于直露，以免对方感到不好意思，导致脸上无光。另外，如果别人帮过我们什么忙，也不要傻乎乎地四处张扬，这样会使对方陷入尴尬的境地。

不管是在工作中，还是在生活中，做人做事都应该有一个循序渐进的过程。不能一开始让别人吃鸡鸭鱼肉，到后来慢慢让别人吃糠咽菜，这只会把自己之前对别人的好全部毁掉。

立威从严至宽是什么意思呢？就是说，你在树立自己威望的时候，切不可一开始就与下属嘻嘻哈哈，这会让他们觉得你并不比他们强多少，从而在工作中不会认真对待。这个时候，就需要一开始就给他们一个下马威，让他们知道你的厉害，然后再慢慢放宽尺度，让他们感激你的退让和随和。这就是《菜根谭》教给我们的管理技巧，可以说是 CEO 的智慧，这是每一个欲做大事者都要懂的道理。

伤什么都别伤别人面子

批评别人的缺点不要太严厉，要想想别人是否能够承受；教人做善事，也不要要求太高，要考虑别人是否能够做到，不要使其感到太为难。

对一个中国人来说，生命有多珍贵，面子就有多宝贵。你给他面子，他就会给你一切！可如果伤了他的面子和自尊，他就会对你恨之入骨，彻底把你推向他的对立面！

有一位十七岁的女孩，好不容易找到一份在高级珠宝店当售货员的工作。圣诞节前一天，店里来了一个中年男人，穿着破旧、满脸悲伤，眼睛一直盯着那些高级首饰，似乎非常想买一个回去。

这个时候，女孩接了一个电话，其间不小心把一个碟子碰掉了，而碟子中的六枚钻石戒指也落到地上。她慌忙去捡，但发现只剩下了五枚。她一抬头，发现那个中年男人正急忙往外走。她顿时意识到戒指被他拿去了。

当那人快要出门的时候，女孩柔声道："对不起，先生！"男子转过身来，两人相视有几十秒之久。"有事吗？"男人在说话的时候，脸上的肌肉在抽搐。

"先生，这是我头一回工作，现在找个工作很难，想必您也深有体会，是不是？"女孩神色黯然地说。

男人看了女孩很久，笑了："没错，找个工作很难。但是我能肯定，你在这里会做得不错。我可以为您祝福吗？"他向前一步，把手伸向女孩，在握手的时候，他把戒指还到了女孩的手里。

"谢谢您的祝福。我也祝您好运！"女孩说道。

你看，这个女孩因为给了那男人一个台阶，使自己可以全身而退，从而保住了这枚戒指，也保住了自己的工作，就这样让一起盗窃案轻松化解。如果女孩不这样做，而是大喊抓贼，结果就可能变得非常糟糕。人活脸，树活皮，当你不给别人面子的时候，自己的处境想必也极其艰难。

那么，面子是个什么玩意儿呢？面子就是一个人在众人眼中的形象。给别人留下好的印象，别人对你赞扬，对你恭维，称为有"面子"；给别人留下不好的印象，别人对你否定，对你批评、谩骂，称为没"面子"。

古人云："良言一句三冬暖，恶语伤人六月寒。"爱语才能结善缘。有的人之所以好心没有得到好报，大都因为他在提意见的时候，没有真正意识到别人也是需要面子和自尊的。在为人处世的时候，我们一定要懂得保全对方的面子，如果不照顾对方的情绪，一味撕破脸皮，双方可能就会发生冲撞。哪怕以前的关系再铁，也将在眨眼之间变成烂泥。

一对情侣坐公共汽车去郊外旅游，因为琐碎小事，刚才还柔情蜜意的两个人转眼间就发生了争执。女孩大声地说："喜欢上你这个穷鬼，我真是倒了八辈子霉了！"车里人很多，女孩的声音又很大，大家都侧目观看，窃窃私语。

当着这么多人被骂穷鬼，男孩怎么受得了？他尴尬地看了眼众人，然后挥手打了女孩一个耳光，在下一站独自下车离开了，留下女孩一个人，孤零零地坐在车里哭泣。

当我们批评、指责别人的时候，一定要顾及对方的面子，否则我们就是一个自以为是的傻瓜！

另外，我们还要看对方是否接受批评或提议。如果对方在心理上有很强的排斥倾向，哪怕建议再好，起到的作用也只是零。就像教育孩子，父母总希望孩子做到最好，于是弹钢琴的时候，两三个音节不对，就大训特训；练书法，几个字没写好，就大骂"笨蛋"。这就是对孩子的面子缺乏基本的尊重和重视。这样下去，孩子的逆反心理必定越来越强，哪怕提供再好的精神营养，孩子仍然是越教越坏。要知道，孩子的学习是个循序渐进的过程，怎么可能一夜建成罗马城呢？

在批评或提议时，我们不妨柔和一些。正如《菜根谭》中所说"思其堪受""使其可从"。站在对方的立场上，根据当时的具体情况，在对方能接受的前提下进行交流，这样才能达到积极效果。

　　切忌用情绪化的方式批评别人，千万不要轻易评价对方的人格、兴趣与家庭教养。批评时若能提供解决方案，就更加具有建设性。批评时也不要忘记肯定别人的长处。此外，如果批评时能采用幽默的方法，所收到的效果往往会更佳。

给自己留下回旋的余地

现在，许多政府官员在面对记者的询问时，都偏爱用这些字眼，诸如：可能、尽量、或许、研究、考虑、评估、征询各方意见……这些都不是肯定的字眼，他们之所以如此，就是为了留一点空间好容纳"意外"，否则，一下子把事情说死了，结果事与愿违，那不是很难堪吗？

所以，在答应别人某事时，人们开始注意使用"模糊语言"，以便自己赢得主动；在拒绝别人时，则先拖延一下，不当面拒绝，答应考虑一下，给自己留下了回旋的空间，以便使自己"进退有据"；在批评别人时，特别是有多人在场时，最好"点到为止"，以维护对方的自尊；在与人争论或争吵时，也不使用"过头话""绝情语"，以便对方能体面地下台。

对一些不太好把握的事，大家则不明确表态，东拉西扯，说的都是一些无关痛痒的话；对于难以回答的问题，就先放一放，免得考虑不周，说错了让自己受牵连；对那些表面看来无关大局的事，就含蓄地处理，巧妙地避开疑难之处，以免引火烧身。另外，对于某些难以回答而又不好回避的问题，则会含糊其词，来一番隐晦笼统的回答，如"可能是这样""我也不太了解"等等，以便给自己留有余地。总之一句话，无论办什么事、说什么话，都要给自己留下回旋的余地。

例如一天，上司把一项工作交给一位下属，这项工作有相当的难度，上司问他："有没有问题？"他拍着胸脯回答说："绝对没问题，包您满意！"过了几天，没有任何动静。上司问他情况怎样，他不好意思地说："不像想象中的那么简单！"虽然上司同意他继续努力，但对他的随便"拍胸脯"已有些反感。

把话说得太满就像把气球充满了气，就再也充不进一丝丝的空气，再充就要爆炸了。凡事总有意外，使得事情发生变化，而这些意外并不是人们所能预料的，因此，话不要说得太绝，要给自己留条路，就是为了容纳这个"意外"。杯子留有空间，就不会因再加水而溢出来；气球留有空间，便不会因再充一些空气而爆炸；人说话留有空间，便不会因为"意外"的出现而把自己逼向绝路，而可从容转身。

所以，按照模糊规则的要求，以下的状况是你在说话时应该注意的。

做事方面：

1. 对别人的请托可以答应接受，但不要"保证"，应代以"我尽量""我试试看"的字眼。

2. 上级交办的事当然要接受，但不要说"保证没问题"，应代以"应该没问题，我会尽力"之类的字眼。

这是为万一自己做不到所留的后路，而这样说事实上也无损你的诚意，反而更显出你的审慎，别人会因此更信赖你，事没做好，也不会责怪你。

做人方面：

1. 与人闹不愉快，不要口出恶言，更不要说出"势不两立"之类的话，除非有深仇大恨。不管谁对谁错，最好是话留三分，以便以后需要携手合作时不会太难堪。

2. 对人不要太早下评判，像"这个人没救了""这个人一辈子没出息"之类属于"盖棺论定"的话最好不要说，因为人的一生，变幻莫测，很难预料。也不要一下子评判"这个人前途无量"或"这个人能力高强"。总之，应多用"是……不过……如果"之类的话语。

当然，把话说绝、把事办绝有时也是实际上的需要，但除非必要，还是保留一点空间的好，既不得罪人，也给自己留条路。总之，学会圆融处世，多用中性的、模糊的语言总没有错。

别太认真和较真

在现代社会中，我们都在做着很多自己并不想做的事，说着自己并不想说的话，甚至还很认真。因为慑于压力、屈于礼仪、拘于制度、限于条件，我们进了不想进的门，陪了不想陪的客，送了不想送的礼，笑了不想笑的事……这些事都常有。

人都想自由自在，都想随心所欲，但是，世界从来不是看你的眼色行事的，恰恰相反，我们每个人都在被动地做一些自己不想做的事。因为，我们不仅有自身，还有环境；不仅有现在，还有未来；不仅追求实现自我，还在追求安全、友爱和形象。但奉献出自己的一部分心愿换取平静、换取尊严、换取良好的环境是十分必要的，尽管你对这种自我背弃并不很乐意。

某厂的会计在审核一张出差单据时发现，供销科小张的报销费中有三千多元是属于不应报销的，于是予以驳回，不予报销。但过了两天，负责财务的张副厂长（小张的叔叔）找到会计说："算了，给他报了吧，这事我知道。"会计说："张厂长，这不符合财务制度哇。"张副厂长把脸一沉说："怎么，我负责财务，我说的话，你都不听了吗？你看着办吧。"会计考虑了几天，还是违心地给小张报了账。这是为什么呢？这是因为小张与会计是同事关系，而张副厂长却是会计的顶头上司，俗话说，"船大还能漫过水去""胳膊怎能拧得过大腿"，因此，会计只能去做违心的事。

当然，并不是所有违心都有痛苦，弄巧时也可以使人生一路风光。如果，你的上司十分喜欢听好话，而偏偏你又不得不指正一下他的差错，这时，你开门见山、直言要害当然既省时间，也符合你痛快为人的个性。但是，那样无论是对单位还是本人都将很糟。如果你试着先讲一通上司的成绩，再讲出存在的问题和解决办法，尽管那些优点是勉强的，有些还不单属他一个人，然而，却使上司既改了差错，又让他对你刮目相看，这不是两全其美吗？

就是我们自身，出于片面和执迷，也并不是处处都在为自己着想，给自己设路障、捅娄子的事也常有，连着自己的心愿接受一下旁观者的点拨和训导，也可能有另一番风光。有位年轻人小时候很不想读书，迫于父母的强制和周围的压力，才不得不违心于书本之中。后来，他十八岁考上了计算机专业本科。毕业后，进入一家轻工业公司工作。公司只缺财会人员，经理要他改行为公司解难。他很爱自己的专业，但出于无奈，只好服从了大局。谁知后来他在会计与电脑程序的交叉点上又编写出了优化的程序代码，不仅专业未丢，还成了单位的技术骨干和后备干部。可见，违心也有利己的时候，至少利于纠正主观偏见、克服个人膨胀、和谐全局。

这个世界上，我们不仅要自己高兴，同时也要大伙儿高兴，世界如果因为你的服从和委屈而有了风光，也不会少了你的那一份。当然，这风光也不会无限。如果你处处由别人支配，事事处于无自我状态，把自己规范成一钵盆景，只要别人喜欢、别人满意，自己却被扭曲得奇形怪状，那就怎么也风光不起来了。

我们生活在社会中，社会的环境、制度、礼仪、风俗无不作用并制约着你。台湾作家罗兰早有所告："我们几乎很难找到一个人能够成天只做他自己喜欢做的事，过他自己所想过的生活。"随着社会文明的深化，人与人之间的纵向联络会日趋淡漠，但横向间的联系只会加强。如果你在交际中没有妥协、忍让和迁就的准备，那只能处于四面楚歌之中。纵使有三头六臂，也将被牵制得疲惫不堪而无法前进。所以，虽然妥协、迁就都有"不得不"的那种心态，但仍不失为人与人之间的"润滑剂"。

几乎每个人都对自己的能力、智力和贡献有着偏高的估计，为了保护这种偏高带来的进取心和期望值，我们，特别是领导，都应当多看他人的优点、少说他人的缺憾。当然，这一多一少，无疑偏离了真实，显然也有了违心的成分。但是，这确实是促成并发展企业凝聚力和激发员工工作热情的成功经验。只要优点是存在的，都应挖掘；只要缺憾无损大体或可通过暗示而改正，都应避讳。其实，为了群体和未来，我们都有过献身和忍受；为了增强实现目标的合作，我们都不应以自己为中心；为了避开更大损失，都有过委曲求全；为了争取人心，甚至我们都有过"这样想却去那样做"的经历，都曾扮演过"两面派"。为了融洽和顺利，违心应当被允许。

以说假话、使绊子为第二职业的王熙凤对浪荡丈夫贾琏纳尤二姐为妾是醋意刻骨的，但出于她的刁钻，却能违心说出万千甜蜜来，一会儿"大恩人"，一会儿"好妹妹"，口里全是自怨自艾："怨不得别人，如今只求妹妹疼我！""只求妹妹在二爷跟前替我好言方便方便，留我个站脚的地方儿，就叫我服侍妹妹梳头洗脸，我也是愿意的！"待将二姐骗及身边，设套逼死了她，还假意哭道："狠心的妹妹！你怎么丢下我去了？辜负了我的心！"那一言一行做得"和美非常，竟比亲姐还胜几倍。"

这里，王熙凤只用暂时的做作来隐蔽祸心，以达到深层的极欲。有道德的人固然不能为，而易轻信的人也不能在交际中少了防范。

违心，有自我压抑，也有融合群体的亲和力，可以是软弱者的自保，也可以是奸诈人的烟幕。它像一杯白水，可以放糖浆，可以放柠檬，可以放橘汁，也可以放毒药！

如何让违心连在情分上，又符合天理良心，正是现代人必须悟出的答案。

第五章

做人守己，将心比心

"横看成岭侧成峰，远近高低各不同。"（《题西林壁》）人生在世，每个人都有不同的经历和个性，身处不同的位置，看到的是不一样的风景。能够将心比心，理解他人的心情、体谅他人的不易，是一种善良。

善良，是从懂得别人的难处开始的。遇事多替别人想想，设身处地去感受别人的困难，很多不能理解的事都会变得简单明了。好的人际关系，都是将心比心，你敬我一尺，我敬你一丈。

遵守做人的规则

无规则难成方圆。比赛因为有了规则的约束，胜负的判定才会显得公平；交通因为有了规则的约束，马路上人车才会各行其道；买卖因为有了规则的约束，交易双方才会合作愉快。做人也有规则，遵守做人的规则，人才能更好地自律自制，才能形成完整的人格，才能实现对人生价值的追求。

有位林先生准备带着他的家人到海边旅游。前一天晚上，他召集孩子们说："明天到海边去玩，我们先定一些注意事项和分配工作的规则。"十四岁的儿子安安嘟着嘴说："爸爸真讨厌，一天到晚定什么规则，连到海边玩水，也要来这一套。"林先生的家庭会议，在儿女的反对声中狼狈地结束。

第二天早上，全家人到了海边，当时有不少人在冲浪。孩子们到车子里拿泳衣，想要下海畅游一番。他们翻遍了行李箱，找不到泳衣。他们生气地对爸爸说："你怎么忘了交代我们带泳衣出门呢？害我们不能尽兴地玩水。"悠闲地躺在沙滩上晒太阳的林先生慢条斯理地回答说："我昨天召开家庭会议，就是要提醒大家带必备的东西，是你们拒绝我定注意事项，不喜欢我约束你们。"

从社会的各个方面来看，人人都必须遵循生活的规则。比如，如果妈妈不定时煮饭，爸爸不肯安分工作，孩子不愿上学读书，家庭一定杂乱无章，毫无秩序可言。小至一个家庭，大到一个公司、一个国家，都必须共同遵守规则，彼此分工协作，守住界限，像机器上的大小零件组合，才能轮转不休。

给自己定出计划以及纪律。严格要求自己，看似委屈了自己，强迫自己放弃很多生活的乐趣，不能够随意地生活。但大家心里都明白，眼前的这种严格自律，正是养成良好习惯，克服种种惰性，从而享受高质量生活的前提。

以下是做人的经验之谈：

1. 放弃一些平时深深迷恋的事情；

2. 保持清醒的头脑，按理智判断行事；

3. 做情绪的主人，抑制感情的冲动；

4. 戒骄戒躁，发挥优势和长处；

5. 自我约束，专心致志是通向成功的必经之路。

自我控制是做人的根本

如果一个人任由冲动和激情支配，那么从这一刻开始，他也就完全放弃了做人的义务，后果将是危险的。所以就做人而言，自制很重要。自我控制是做人的根本。

一家大百货公司受理顾客提出抱怨的柜台前许多女士大排长龙，争着向柜台后的那位年轻女郎诉说她们所遭遇的困难，以及这家公司不对的地方。在这些投诉的妇女中，有的十分愤怒且不讲理，有的甚至讲出很难听的话，柜台后的这位年轻女士一一接待了这些人，丝毫未表现出嫌恶。她脸上带着微笑，指导她们前往合适的部门，她的态度优雅而镇静。

站在这位女士背后的是另一个年轻女士，她在一些纸条上写下一些字，然后把纸条交给站在前面的那位女士。这些纸条很简要地记下妇女们抱怨的内容，但省略了这些妇女原有的尖酸而愤怒的语言。

原来，站在柜台后面、面带微笑聆听顾客抱怨的年轻女士耳朵失聪。她的助手通过纸条把所有必要的事实告诉她。

这家公司的经理对他的人事安排是这样解释的，他之所以挑选一名耳朵失聪的女士担任公司中最艰难而又最重要的一项工作，主要是因为他一直找不到其他具有足够自制力的人来担任这项工作。旁观者发现，柜台后面那位年轻女士脸上亲切的微笑对这些愤怒的妇女产生了良好的影响。她们来到她面前时，个个愤怒暴躁，但当她们离开时，个个温顺柔和，有些人离开时，脸上甚至露出羞怯的神情，因为这位年轻女士的"自制"使她们对自己的行为感到惭愧。

我们不能不佩服上述这位经理的巧妙安排，但让人感动的还是那位耳朵失聪的姑娘，我们这些健全人也要像她那样，戴上一副"心理耳罩"，有时候可以用来遮住自己的双耳。当不愿听到那些无聊谈话时可以把两只耳朵"堵上"，以免在听到之后徒增憎恨与愤怒。

生命十分短暂，有很多建设性的工作等待我们去做，因此，我们不必对每个说出我们不喜欢的话的人去进行"反击"。

别给自己找借口

自我控制、自我约束也就是要求我们按理智判断行事，克服追求一时情绪满足的本能愿望。一个真正具有自我约束力的人，即使在情绪非常激动时，也能够做到这一点。

自由并非来自"做自己高兴做的事"，或者采取一种不顾一切的态度。自己要战胜自己的情绪，证明自己有控制自己命运的能力，必须学会自控。如果任凭情绪支配自己的行动，那便使自己成了情绪的奴隶。一个人，没有比被自己的情绪所奴役更不自由的了。

我们每个人都在努力做使自己生活更有意义的事，并且在向着未来的目标奋进。但是，生活在现实的世界中，我们绝不应该采取仅使当下感到愉快的态度而丝毫不顾及以后可能发生的后果。我们的情绪大都容易倾向于获得暂时的满足。所以我们要善于做好自我约束。但是须注意的是，那些提供大量暂时满足的事，通常就是对我们长期的健康、快乐和成功最有害的事情。因此，在追求一种有意义的生活时，我们应当预测自己所从事的事情对将来可能产生的后果。

不可否认，人是有欲望和需求的，如果对欲望和需求不加以约束和克制，欲望就会自我膨胀。权力欲、名利欲、占有欲、贪欲，所有这些都是人生活在社会中，受到社会环境的影响产生的，也最能对人的情绪产生影响。道家所提倡的"清心寡欲"是对待欲望的一种方式，而还有一种方式，就是不加克制地任由欲望膨胀，其结果当然只会增加伤害。

除了欲望，人还有惰性心理以及消极心态，这些都将影响到你的情绪。所有的成功者无不懂得自律。自律是修身立志成大事者必须具备的能力和条件。

从本质上讲，自律就是你被迫行动前，有勇气自动去做你必须做的事情。

自律往往与你不愿做或懒于去做，但却不得不做的事情相联系。"律"既然为规范，当然是因为有的行为会越出这个规范。比如，刷牙洗脸是每天必须做的事情，但是有一天你回到家筋疲力尽，如果你倒头就睡，是在放纵自己的行为；如果你克服身体上的疲惫，坚持进行洗漱，这是你自律的表现。人们往往会遇到一些让自己讨厌或使行动受阻挠的事情，在这种情况下，你就应该克服它对情绪的干扰，接受考验。

自律表现为两种：一是去做应该做而不愿或不想做的事情；二是不做不能做、不应做而自己想做的事情。做到了这两点，问心无愧、坦坦荡荡，情绪也会变得光明而积极。

用了同样的努力，有的人成功了，有的人则失败了。他们可能都知道成功的途径，但他们之间有一个主要的不同，在于成功者总是约束自己，去做正确的事情，而不成功的人总是容忍让自己的感情占上风。正如有人所说："我的预判很少出错，但我却常常做错事。"要具备自我约束的能力，必须不断地分析自己的行动可能带来的长期的、最大利益的后果再付诸行动，必须抑制人的感情的冲动。感情冲动地行事，是一种失去控制的危险生活。然而，我们却依旧凭感情冲动行事。例如，当一大群人朝着一个方向行走，而你的理智或常识告诉你那是一个错误的方向时，你自我约束的能力就受到严峻的考验。这时也正是你必须运用自我约束的力量压倒你随大溜儿时那种短暂的舒适感的时候，要提醒自己，这个大溜儿从长远看并不一定都正确。而战胜自己之后，你的情绪能力也将得到提升。

千万不要纵容自己，给自己找借口。对自己严格一点儿，时间长了，自律便成为一种习惯、一种生活方式，你的人格也因此变得更完美。

人心是万物的主宰

世界上最伟大的莫过于人，人身中最伟大的莫过于心。心，可以创造一切，亦可以毁灭一切；可以使我们上入天堂，亦可以使我们下入地狱。

西藏曾经有一位高僧，他每天打坐的时候，都要在面前放下一黑一白两堆小石子。用大师的话说，黑白石子代表自己的善恶两念。善念萌生时，他会拿一颗白石子放在一边；恶念萌生时，他会拿一颗黑石子放在另一边。最初，大师检点时发现，黑石子多，白石子少。每当这时，大师会扇自己的耳光，痛哭着自责道："你在苦海里轮回，还不知悔过吗？"四十多年过去了，大师手下全部变成白石子了。最终，大师修成了菩提道。

向善之心，人皆有之。人性本是善良的，人能向善，人能为善。人能向善，才能使自己趋于美好；人能为善，世界才能趋于美好；人心一善，一切的善也会随之而生；人心一恶，一切的恶也会随之而来。善恶的来源，始发于心灵。心灵圣洁，就使人生成为圣洁的人生；心灵恶毒，就使人生成为恶毒的人生；心灵高明，就使人生成为高明的人生；心灵鄙陋，就使人生成为鄙陋的人生。

世间既有善良、圣洁、高明的人，也有恶毒、鄙陋、纵欲的人。沾染上恶性恶习，自然会失去本心。因此佛家说："即心即佛"，"自心即佛"。

所以心在圣贤豪杰，即成为圣贤豪杰；心在盗贼小人，即成为盗贼小人。想要怎样做人，全都在于自己的心怎样做。

一个人如果没有同情怜恤之心，不配做人；没有羞耻好恶之心，不配做人；没有退让谦虚之心，不配做人；没有明辨是非之心，不配做人。同情怜恤之心，是仁的开端；羞耻好恶之心，是义的开端，退让谦虚之心，是礼的开端；明辨是非之心，是智的开端。人掌握了这四个开端，就像身体有四肢一样。有这四个开端而自认为无能力的，是自暴自弃的人。

养心也就是培养仁、义、礼、智之心，并扩充它们，使之能虚能大。养心要虚要大，也就是说心地要虚空才能胸怀宽广，心地虚空必须舍弃过分的世俗物欲之念，不与世争，随遇而安。这样，心胸才能容忍别人，体恤别人。养心又要实要小。心地实在才没有胡乱狂妄的念头，对人对事实实在在，一丝不苟，又要小心谨慎，才能不败坏事情，走向成功。

使自己的心地清净而又伟大高明，乃是做人最大的使命。深究自己的心，而后发觉一切奇迹在于自己的创造。这样的心在我们身上，就像日照当头。在内培养圣洁无瑕的心灵，在外自然散发闪耀灿烂的光辉。

人是天地的心，心是万物的主宰。我们如果能随时随地观照此心、省察此心、操持此心、存养此心，不但使我们自己有主宰，天地也将有主宰。只要主宰确立了，其他方面不确立，它们也会自己确立。

经常进行自我反省

"金无足赤，人无完人"，人活在世上，谁都难免有这样或那样的缺点和错误，谁都难免有丑陋的一面。罗曼·罗兰说："在你要战胜外来的敌人之前，先得战胜你自己内在的敌人；你不必害怕沉沦与堕落，只请你能不断地自拔与更新。"会做人的人就是通过彻底反省来打败自己内心的敌人，打扫自己思想与灵魂深处的污垢尘埃，减轻精神痛苦，净化自己的精神境界。

从前有一个人，每天要见很多宾客，或者要出去办很多事情。晚上，他总是吹灭灯火，一个人独自坐在书房反省自己："今天使我敦品励行的人是谁？今天使我增加智慧的人是谁？今天使我浪费光阴的人是谁？今天使我贪图享受的人是谁？今天使我闯祸惹麻烦的人是谁？"这个人的意思是：做人也要像做生意那样，每天把账目弄得清清楚楚，如果赚了，继续努力；如果亏了，赶快改弦更张，免得一败涂地。

我们在日常生活中，应随时检查自己，随时观照自己。王阳明说："破山中贼易，破心中贼难。"佛家有"心为贼王"的说法，想除去这个作为心中贼念的一切悬念、杂念，这就要用曾子的三省功夫。

曾子说，我一天中多次反省自己，为别人办事不够尽心吗？与朋友交往不够诚实吗？老师传授的学业不够熟练吗？"吾日三省吾身"说得具体一点，就是一个人要随时随地，特别是在节骨眼上注意检点自身，这样更容易见到功效，从而在许多事情上不会造成大错。如遇到高兴事时，要检省自己是否得意忘形，更要告诫自己居安思危。"祸兮福所倚，福兮祸所伏"，要知道灾祸往往隐伏在福事之中。今天经商赚了钱，说不定行情已在悄悄变化，岂知下次买卖的赔赚？生意兴隆之时，同行的嫉妒、小人的使坏说不定就要到来！遇到发怒的时候，要检省自己是否伤了别人，考虑怒气会带来的后果，从而尽量控制自己的情绪。懒惰怠慢、放纵恣肆这些都是修身进德的敌人，更须及时检查改正，哪能等到产生了恶果再来反省呢？

反省并不限于工作或事业的检查和行为的检讨，而是包括内在思想与情感的更新与复苏。一个人起码需要懂得检讨过去，策励将来。但是检讨过去的失误，未必就能踔厉奋发，因为把检讨付诸实行的是一个人的心理和态度。根据观察，反省与检讨如果仅仅是局限于表面现象，那么检讨的结论即使一针见血，也只是静态的、消极的。它的效果相当有限，有时甚至造成颓废的懊恼或诿过的逃避心态。唯有从内做一次省思和洗涤，把成见和得失彻底放下，从而建立明确的目标，才能培养生龙活虎的意志，去实现新的目标和理想。

反省是心理活动的反刍与回馈。它把当局者变成一个旁观者，让他把自己变成一个审视的对象，站在另外一个立场、角度来观察自己、评判自己。反省需要勇气，拿起解剖刀时毫不客气地割掉思想上的毒瘤，拿起水龙头常常洗刷行为上的"斑点"，勇于亮相，不怕丑媳妇见公婆。只要对自己稍微有一点宽容之心，反省就会减去本色。反省需要学识，只有从理论上、本质上认识错误，才能抵制日后的诱惑。反省需要建立在扎实的认识、理解基础上，才能达到真正的目的。

卢梭在少年时曾经将自己极不光彩的盗窃行为转嫁在一个女仆的身上，致使这位无辜的少女蒙冤受屈，被主人解雇。卢梭成名后为这件事陷入痛苦的回忆中。他说："在我苦恼得睡不着的时候，便看到这个可怜的姑娘前来谴责我的罪行，好像这个罪行是昨天才犯的。"

卢梭在他的名著《忏悔录》中对自己做了严肃而深刻的批判。他敢把这件丑事公之于众，显示了他彻底反省的坦荡胸怀和不同凡响的伟大人格。

一个人是否具有反省能力对其做人很重要。反省可以改变一个人的命运和机缘，它在任何人身上都会发生大效用。因为反省所带来的不只是智慧，更是夜以继日的精进态度和前所未有的干劲。

以下是关于反省的经验之谈：

1. 一个真正英勇果敢的人，决不会用拳头制止别人发言。

2. 脾气暴躁、火气大，容易引起愤怒与烦扰，这种恶习能导致不正当的事情——一时冲动而没有理性的言行。

3. 不伤害人，把他人所应得的给予他人，应当避免虚伪与欺骗，显出诚恳悦人的态度，学习品行正直。

4. 讲话气势汹汹，未必就是言之有理。

5. 尽量避免用言语伤害别人，但是，当别人以言语来伤害自己的时候，也应该受得起。

6. 脾气暴躁是较为卑劣的天性之一，人要是发脾气，就等于在进步的阶梯上倒退了一步。

7. 即使你独处之时，也不要随便说坏话或做坏事，相反，要显出热诚有礼的样子。

要使生命之树常青，反省也许是一种特殊的养料，每个人都需要反省。与其低着头埋怨错误，不如昂起头纠正错误；与其在反省中衰颓，不如在反省中奋起。反省之后，心灵得到净化，人性真正流露，这时无论你做什么，都会有前所未有的热情。

改过迁善才进步

《易经》中说："君子以见善则迁，有过则改。"一个人不可能不犯错误，怎样对待错误是做人的大问题。早在春秋时期，就有"人谁无过，过而能改，善莫大焉"（《左传》）的话。孔子也说："过则勿惮改""过而不改，是谓过矣"。这就是说，人不可能没有过失。人不怕有过，只怕不改；有过能改，就是最大的善；过而不改，才是真正的错误。

古语曰："人非圣贤，孰能无过？"只是圣贤比常人更善改过迁善，所以他显得比常人伟大而英明。

一个人只有具备了改过迁善的能力，他才可以算是一个有自我意识的人，一个在完整意义上精神健全的人。改过迁善，就是自觉改正错误，自觉地向着好的方面迁移和转化。改过迁善，是佛家和儒家关于道德修养的思想主张，它一直为我国传统文化所倡导。

因为人们各自做自己要做的事情，就必然会犯错。无论是聪明的人还是愚蠢的人，都不可能避免。明智的人能够改正过错而移心向善，愚蠢的人耻于改正过错而因循前非。移心向善，人的德行便会日日更新；因循前非，人的缺点就会越积越多。孟子说，古时候的君子，有过错就改正；现在的君子，有过错则任其发展。古代的君子，他们的过错就像日食月食，人们都看得到。等到他们改正时，人们都抬头望着他。现在的君子，岂止是任其发展，还要编造一番言辞来粉饰过错。战国时，世俗风气沉沦，社会充斥着小人，孟子因此十分担忧。

改过的道理，历来以袁了凡说得最彻底最详细。明代思想家袁了凡说道，改过的人，首先要常怀羞耻心，唯有知道羞耻，才能真正改过自新。如果我们常常能这样想，世间大圣大贤（如孔子、孟子）是大丈夫，我也是大丈夫，他是人，我也是人，他们能成为千百年来世人的榜样，我为什么就默默无闻呢？原因在于我们的清净心被污染了，做了不该做的事，还以为别人不知道，没有半点惭愧之心，这样长久下去，必将沦为禽兽、堕入恶道。世间可羞可耻的事情，没有比沦为禽兽更大的了的。孟子说，羞耻和人的关系太大了，一个人只要知道羞耻，他就可以成为圣贤；一个人如果不知羞耻，他就可能成为禽兽。孟子这句话是改过的关键。改过的人其次要常怀畏惧心。畏惧什么？天地在上，鬼神难欺。我们纵然在很隐秘的地方有一点小过失，天地、鬼神也看得清清楚楚，我们如果犯了重大的罪恶，就会受到鬼神的惩罚；我们如果犯的罪过较轻，也会在无形中折损福报。既然如此，我怎能不怕？儒家、佛家都说，改过要勇猛，真正勇猛地去改过，纵然是大恶，纵然是久恶，只要下决心改正，都能铲除。比如千年黑洞，点上一盏灯，黑暗立即就消失了。改过也是这样，过失不论大小，不论远近，以改为贵。改过的人要常怀勇猛心。有人不肯改过，是因为他不求上进，得过且过。我们明白这个道理，必须奋然振作，要奋发，要把精神提起来，勇猛精进，不要怀疑，不要等待，从现在开始，绝不退缩。做人只要具备知耻心、敬畏心、勇猛心，就能将错误改正。以上袁了凡说的话，确实是为人改过的至理名言。

人人都可能做错事。做了错事而不知悔改，那是坏人；知道悔改，那是好人。所谓放下屠刀，立地成佛。过去的既已不可挽回，那么唯有以后坚决行善可以补偿。

每个人都有缺点，这是我们要接受教育的原因。教育使我们有能力认识自己的缺点并加以改正，这就是进步。

每天为别人做一件善事

生活时时处处在启迪着人们：一个人价值的实现，不能只顾及个人的生命和利益。并且，它也不由自己给予评判。个人不能离开他赖以生存的群体，不能离开由诸多群体所构成的社会；个人的生命价值是由他人、社会给予评判的。只有在一定的社会条件下，个人的人生价值才能得以体现出来。

因此，一个人在自己的人生征途中时刻不能脱离集体、社会；个人必须为大众、为社会承担责任、做出贡献、奉献自我。一个人只有超越自己的狭小圈子，热心投入社会之中，才有可能实现人生价值。

从前有个国王，非常宠爱他的儿子。这位年轻的王子，过着衣来伸手、饭来张口的日子，要什么有什么。可是，他从来没有开心地笑过一回，常常是愁眉紧锁，郁郁寡欢。

有一天，一位魔术师走进王宫对国王说，他能让王子快乐起来。国王兴奋地说："如果你能办成这件事，王宫里的金银财宝你随便拿。"

魔术师带着王子进了一间密室，他用白色的东西在一张纸上涂了些笔画，然后交给王子，并嘱咐他点亮蜡烛，看纸上会出现什么。说完，魔术师走开了。

年轻的王子在烛光的映照下，看见那些白色的字迹化作美丽的浅褐色，变成这样几个字："每天为别人做一件善事。"从这以后王子依此去做，不久，他果然成为一个快乐的少年。

这个小故事告诉我们：有人之所以生活得有意义、快乐、有满足感，是因为他能奉献，而不是处心积虑地想着占有。奉献给人一个实现自我的空间。因为他知道要努力工作，为社会服务，他知道要肩负一个帮助和安慰大众的使命。在那努力的目标之中，他发现了生活的意义。

一个人只要肯为别人奉献自我，他就会生活在快乐之中。如果一个人能够用爱心无偿地给予别人以服务和帮助，他的生命一定闪烁着光彩，充满着喜悦和快乐。

刘备曾教导儿子刘禅说："勿以恶小而为之，勿以善小而不为。"善良是一种巨大的力量，任何力量都不如善良的力量大。善良并不体现在物质上，而在于一个人诚挚的内心。有的人能从钱包里掏钱出来送给别人，但他的心却冰冷漠然。用钱财表现出来的好心不但不可靠，而且往往会带来负面影响。

如果我们常存乐善好施、成人之美的好心，这个世界又会减少多少忧伤和怨叹哪！

仁者爱人

人需要爱，世界需要爱。爱使世界相互联结，使人们友善相亲。地球本是人居于其中的一个大家庭，"人"字的一撇一捺本就意味着人与人的相互支撑。

人要爱人，世界应该充满爱。有爱，世界才会充满盎然生机；有人爱，能爱人，我们才能品尝到生之欢乐，才能有不竭的生之热情——无爱的世界只是一片冷寂的荒漠。以仁心待人，仁心是我们固有的天性。

孔子说，有仁的人安守仁道，明白事理的人善于用仁。又说，一个人如果专心致于仁，他就不会做坏事。孔子又解释说，仁就是做人之道。仁是做人的道理，仁是人性的实质。一个人抛弃了做人的真性真情，怎么能说他拥有为人之道呢？

孟子继承了孔子的仁义学说，他进一步解释仁义说，仁是人的心，义是人的路。这不仅继承了孔子的思想，并进一步深入直指人心。说仁体现得充足就可以入圣登真。所以说，天地只是仁的流行，圣人只是仁的体现。

英雄豪杰，除了"仁"，没有别的条件可以使之立德立业。因为仁充满在天地之间，所以说尽是一派生机勃勃、一派生意盎然、一派朝气蓬勃。圣人与天地同仁，所以说圣人与天地同大。又可以说，圣人的德行与天地同高。

仁就是义

儒家将上古圣贤秘传的意旨演化出以"仁义"来作为自己的思想。仁是孔门学说的中心，而义是"行仁"的体现。我国历代圣贤以死守大道、以死殉真理、以死赴国难的精神，都是从"仁"里面产生的。孟子揭示的浩然正气和"富贵不能淫，贫贱不能移，威武不能屈"的大丈夫气概，都是从"仁"里面培养出来的。

《易经》中说，立天之道是阴阳，立地之道是柔刚，立人之道是仁义。仁义的精神，也是人道主义精神。儒家以实行仁义著称于世，他们提倡的仁义精神，用今天的话来说，就是博爱精神、正义精神。而道的实质，也是正义的实质，即义不容辞。

人的行为，如果是有条件的行为、有目的的行为，便是功利的行为；只有无条件的行为、无目的的行为，才是有道德的行为，才是行道、行义的行为。这些行为是人与禽兽不同的地方。人如果不了解道德仁义的内涵，为了苟且偷生而抛弃仁义，这与禽兽有什么区别？

仁者爱人

子张向孔子请教什么是仁，孔子说，要是能够在天下实施五种品德，就是仁了。子张问是哪五种品德。孔子说，谦恭、宽厚、信诚、敏捷、施惠。谦恭就没人欺侮，宽厚就获得群众，信诚就有人任用，敏捷就做事有功，施惠就足以任用。

《易经》中说，易经所教导的，是效法天的大公无私，克制利欲，安于各自的环境，敦厚仁爱的本性，而能博爱万物。仁为爱的本体，爱为仁的实用。只有仁者才能爱人，爱人就得到人；只有仁者才能爱国，爱国就能得到国家；只有仁者才能爱天下，爱天下则得到天下。

《易经》中又说，天地最伟大的德行，是使万物生生不息，圣人最大的宝物，是崇高的地位。怎样才能保守地位呢？要仁爱，得到多数人的拥护才能守住地位。又怎样才能使人聚集呢？要靠财富。因而，治理财富，端正言行，使人民分辨是非善恶，禁止人民为非作歹，就是道义。儒家说人必然说到仁。韦昭注解说："仁爱的人是人。"庄子认为爱人利物叫作仁，贾谊说心兼有爱人叫作仁，所以说仁者爱人。爱人就没有偏颇、没有遗弃，这样天下就归顺了。所以孔子说，所谓仁，非但自己要站得住并且让别人也站得住，自己要通达并且让别人也通达。凡事能就近以自己作比，而推己及人，可以说是实践仁的方法了。

躬身力行接近仁

什么是为仁之道？孔子回答颜回问仁时说，约束个人言行归于礼制叫仁。要是一旦能够约束个人言行归于礼制，那么天下就归于仁德了。实行仁德全由自己，还由别人吗？颜回又说，请问约束个人言行归于礼制的要领是什么呢？孔子说，不合礼的不看，不合礼的不听，不合礼的不说，不合礼的不做。颜回说，我颜回虽然不聪敏，请让我照着这话去做。

这就是说，做到这四条，就可以去行仁了。

怎样做才合乎仁呢？孔子说，出门好像迎接贵宾，役使老百姓好像承当重大祭祀。自己不喜欢的事情，不要加在别人头上。这样就无论是治国还是治家都不会有人怨恨你了。这就是以敬恕之道来说明仁。自己不想做的，不要强加于人，就是以自己的仁心去推及他人，也就是说自己要首先立人，自己首先要践行做人之道。所以孔子回答樊迟问仁时的答案是"爱人"。如果扩充它就是：把自己所想的施于人，这样自己的仁心就更宽厚了。再者就是，刚强、坚毅、朴实、慎言，具备这四种品德的人近于仁德。又如："仁德的人，说起话来稳重""躬身力行接近仁""有仁德的人无忧愁""有仁德的人清静恬淡""有仁德的人必然勇敢，勇敢的人必然有仁德"。这些话都是"行仁"的条目。做人只要从这些方面去做，就能达到仁的境界了。

仁者爱人。仁者能建立事业，能成就仁德。心中存在仁，就能树立道德，就能成就自己。孔子的圣学，以仁为中心主旨，以行仁为最高理想，以成仁为最高境界，三者不能离开片刻。所以孔子说，有志向和有仁德的人，不会贪求生存而损害仁，只会牺牲生命来成就仁。又说，富裕和高贵，是人们所喜欢的，但不用正道得来，就决不接受；贫困和下贱，是人们所厌恶的，不因常理而来到身边，就不要急于去摆脱。君子如果失去仁，怎么能够成就君子之名呢？君子不会有片刻工夫违背仁，即使仓促匆忙之间也一定和仁做伴，颠沛流离之间也一定和仁为伍。

成为圣人，成为仁人，这是内心的东西，而富贵功名是外表的东西。重视内心、轻视外表的人，就是君子；重视外表、轻视内心的人，就是小人。所以，君子安守仁而达到仁，小人正好相反。

用仁德保存做人的真

仁者与天地同在。仁心是天心，也是人心。"用仁德来保存着做人的真心"，也就是保存了天地之本心，保存了人之本心。保存了人的本心，他的仁就不会丢失。扩充它，就会受用无穷。人的仁心，每个人本身就具备，不必到外面寻求。所以孔子说，仁离我们遥远吗？只要我想到仁，仁就来了。也就是说，仁不会远离我们的身边，求取就能得到它，舍弃就会失去它。反求于内，仁心自然存在，并且上合于天道。这样，天道也就在我的心中。

人性的真性真情之所以能保全与扩充，全在于能否守得住仁。所以孔子说，财富假如可以求取的话，即使市场上的守门人我也愿意干。假如不可求取，还是做我所喜欢的事吧！推行仁义，也就是孟子所说的"实行仁义"。孟子又说，知道了它，却不能守住它，虽然得到了它，必然会失去它。知道了它，心中的仁能守住，不是庄严而谨慎地对待它，行动也就没有礼规，也就不是好的了。这是彻头彻尾的真话。守住了仁，就能看到人的性情、人的心血；守住了仁，就能看到人的德行、人的威严、人的仪表。行动有礼节，就能看到人的规范与法道。

有宽宏的度量与宽厚的仁德，就会得到别人的赞赏与信任。圣人以体行天地之道来作为自己的立人之道，体行天地之心作为自己的立人之心。天地之道就是仁道，天地之心就是仁心。

怎样才能见到仁心

孟子说，人人都有体恤别人之心，古代圣王有体恤别人之心，这才有体恤别人之政。以体恤别之心施行体恤百姓的仁政，治理天下就易如反掌。又说，恻隐之心，是仁的开端；没有恻隐之心不配做人。

怎样才能见到仁心？由好生之心见到仁心，由爱人之心见到仁心，由慈悲之心见到仁心，由恻隐之心见到仁心；由不忍人之心（怜悯心）见到仁心，由不忍物之心见到仁心，由不忍天下之心见到仁心。反之，没有好生之心的人不配做人，没有爱人之心的人不配做人，没有慈悲之心的人不配做人，没有恻隐之心的人不配做人，没有不忍人之心的人不配做人，没有不忍物之心的人不配做人，没有不忍天下之心的人不配做人。引申开来，有仁心足以入圣境，有仁心足以保四海，有仁心足以参天地！英雄豪杰、仁人志士，总是以"存仁心于一心，而行仁于天下"为己任，方可有持守有作为，方可高大而长久。

存仁于天下，便可以理天下；行仁于天下，便可以得天下。"为鼠常留饭，怜蛾不点灯"，这是何等的仁心、何等的生趣！在仁心中，我们应看到一片爱的流行、一片情的流行、一片生的流行。

树立自己的形象

仁是孔子的中心思想，也是我国传统文化、传统道德的中心要旨。尧舜以仁治理天下，孔孟以仁教导天下。而孔孟之后，能够发扬光大以仁为道、以仁为教的人，要算宋代儒者，而宋代儒人中又尤以张横渠的《西铭》为首，二程又专以开示之，说他的仁"纯粹广大"，"自从孟子之后，儒者都没有其他更高的见识"。又说："极其纯正无杂物，意义极其完备，就是仁的整体。"

张横渠在《西铭》中说，乾称为父，坤称为母，我不能轻视！天地给了我的形体，天地统率着我的性格。百姓与我都是同胞，万物与我都是一体。大意也就是以天下为一家，以四海为一人，以天地万物人我浑然一体而不分。张横渠又说，尊重年纪大的人，就能赡养他人的长辈，以及自己的长辈；慈悲孤儿，就能抚爱他人的小孩，也能爱护自己的小孩。圣人的仁德贤惠而清秀。凡是天下的残疾人、孤寡老人，都如我的长辈兄弟一般。时时保护他们，时时帮助他们，使他们快乐而不忧愁，纯粹是一片孝心，一片兄弟之情。违背了仁就是逆德，损害了仁就是盗贼。作恶的人没有才能，这是他践踏了自己做人的形象。这里所说的意思就是以天地人类为一个大家庭，纯属于《孝经》中的孝子心境。扩大到全人类，以对待父母兄弟的真情来对待天下、对待全人类，这是何等的仁心慈怀、何等的博大清明？

儒家的理想世界是大同，完全要求以仁来覆盖天下，以仁来承载天下。所以孟子说，尊敬我家里的长辈，从而推及尊敬别人家里的长辈；爱护我家里的儿女，从而推广到爱护别人家里的儿女。如果一切政治措施都从这一原则出发，要统一天下就像在手心里转动东西那么容易了。

保持一颗感恩的心

每个人从小到大，父母养育我们，师长教育我们，社会供应我们，我们每天都在接受。我们要如何回馈我们的父母、师长、社会大众呢？首先要懂得感恩，有了感恩的心，就会发愤图强，追求成功，所以感恩的心很重要。

在一个"与成功者对话"的论坛上，一位听众请教台上的企业家："您觉得一个人成功的秘诀在什么地方？"企业家没有讲一番大道理，而是告诉在座的各位："保持一颗感恩的心。只要你对人对事对物保持一颗感恩的心，你一定会成功。"这段话赢得了阵阵掌声。

很多经典的书籍，如佛经、《圣经》、《古兰经》，都告诉我们要有一颗感恩的心，可是很少有人一语道破，成功的秘诀就是要有一颗感恩的心。我们都要有一颗感恩的心，感谢别人的帮助。

有一则感恩的寓言故事：

一只松鼠在河边喝水，不小心滑到河里，它在河边挣扎、大声呼救。这时正好猴子到河边喝水，看见松鼠在挣扎求生，就捡起一枝树枝，丢给松鼠，松鼠就这样得救了。

猴子早就忘了这件事，但松鼠心存感激，一直想要报答猴子，于是就在猴子的家附近做窝。

有一天，猴子站在树枝上休息，被一个猎人发现了，猎人用猎枪瞄准猴子。

看见这种情形，松鼠飞快地扑到猎人身上，在他的身上狠狠咬了一口，猎人痛得惨叫一声，子弹打到天上去了。

猴子看到松鼠不顾自己的安危，及时搭救，非常感激，就对松鼠道谢。

松鼠说："要不是您在河边救了我，我早就被河水淹死了，我这辈子不知道怎么谢您呢！"

又有一天，猴子在菜园里觅食，不小心被主人做的陷阱扣住了，它大声呼救。松鼠听见了，就把所有的同伴都叫来，大家齐心合力把扣子咬断，猴子就得救了。

猴子再度向松鼠道谢，说："您救了我的命，我这辈子不知道怎么谢您呢！"

猴子到处宣扬松鼠的好心，它说："松鼠的身体虽小，它的感恩心却是身体的千百万倍！"

"滴水之恩，当涌泉相报。"成功人士提醒我们：

1. 不知感恩不能享受既有的事物。我们并不是时时刻刻都能感受到我们得到的福佑。对自己的已得没有感觉，我们就很难为拥有的幸福而感恩。

2. 不知感恩，使我们无法得到更多我们想要的东西。你喜欢把东西给哪种人？是不肯承认你给了他东西的人，还是表达了由衷感谢的人？

不知感恩，妨碍我们成功——越不知感恩，妨碍越大。

我们每个人都应该明白，生命的整体是相互依存的，每一样东西都依赖其他东西，父母的养育、师长的教诲、配偶的关爱、他人的服务、大自然的慷慨赐予……人自从有了自己的生命，便沉浸在恩惠的海洋里。一个人真正明白了这个道理，就会感激大自然的福佑，感激父母的养育，感激社会的安定、感激食之香甜，感激衣之温暖，感激花草鱼虫，感激苦难逆境。

感谢生活的馈赠

在我们身边有很多这样的人，他们这也看不惯，那也不如意，怨气冲天，牢骚满腹，总觉得别人欠他的、社会欠他的，从来感觉不到别人和社会对他的生活所做的一切。这种人心里只会产生抱怨，不会产生感恩。哲人说，世界上最大的悲剧和不幸就是一个人大言不惭地说："没人给我任何东西。"这是一个事实，是许多人失败的根源。

两个行走在沙漠的旅人，已行走多日，在他们口渴难忍的时候，碰见一个牵骆驼的老人，老人给了他们每人半瓷碗水。

两个人面对同样的半碗水，一个抱怨水太少，不足以消解他身体的饥渴，抱怨之下竟将半碗水泼掉了；另一个也知道这半碗水不能完全解除身体的饥渴，但他却发自内心感谢老人，并且怀着感恩的心喝下了这半碗水。

结果，前者因为拒绝这半碗水渴死在沙漠之中，后者因为喝了这半碗水终于走出了沙漠。

这个故事告诉人们，对生活怀有一颗感恩之心的人，即使遇上再大的灾难，也能熬过去。感恩者遇上祸，祸也能变成福。

作家三毛曾说过这样一段话："一个小女孩因为没有鞋子穿而哭泣，直到她看见一个没有腿的人。这个小故事，虽然十分平凡，可是它常常在我的心中激励我。当我偶尔对人生失望，对自己过分关心的时候，我也会沮丧，也会悄悄地怨几句老天爷，可是一想起自己已有的一切，便马上纠正自己的心情，不再怨叹，高高兴兴活下去。"

有的女孩总是不满意自己的容貌，也许是因为太希望自己十全十美了，以致对自己外形上不太理想的地方格外地注意与强调。在我们的生命之中，可以得到快乐的途径很多。如果一位女子有得天独厚的美丽姿容，固然值得快乐，可是除此之外，我们可以从诗文、绘画等精神活动中找到快乐；我们可以从帮助别人、服务社会上找到快乐。一个平凡纯朴的朋友、一个温暖朴素的家，也是一种快乐。只要我们对人对己都不苛求，在内心修养上多去磨炼，就可以摆脱一些围绕自己的平庸肤浅的看法，对人生的乐趣追求有了更深一层的了解。那时，外观的漂亮或不漂亮都不太重要了。

我们生活在科学技术日新月异发展的今天，毫无疑问，只要我们有钱，任何有关我们衣食住行等的物质条件都可以随心所欲地实现，轻松地把它们搬运回家，尽情地享受。也许正是因为如此，人们对这些东西的感恩之情才变得日益淡薄，认为获得它们是理所当然的，因而也就不爱惜它们。正如德国大诗人海涅所说，太容易得到的东西便不是珍贵的东西。试想：如果我们生活中的各种东西全部消失，我们还能生存吗？

一个人的本事极有限。那种对一切东西都怀有感恩之心的人，是有人性的。请不要对自己目前的境遇抱怨，不要对自己所拥有的感到不满意。人哪，总是这样，得不到的就是最好的，得到的往往又不肯去珍惜。可是如果有一天，你手中握住的东西像沙子一样被你不经意地从指缝间滑落。当你懂得珍惜的时候，恰恰证明你已失去，这时，后悔也已经来不及了。

不重视现在的人，就不会有可以期待的未来。

感谢生活的馈赠吧！若你没得到什么，那是因为你本没有付出什么；若你觉得自己所得太少，其实你本可以付出更多！

做人要将心比心

人就像一块磁铁，吸引思想相近、志同道合者，排斥其他不同类的人。如果你想结交仁慈、慷慨的人，自己也必须先成为这样的人。种什么因，结什么果。你所有的思想，最后都会回到你的身上。

早在2500年前，孔子就说过一句话："己所不欲，勿施于人。"这句话道出了做人的真实技巧。

所谓"己所不欲，勿施于人"，照一般的理解，就是用自己的心推及别人；自己希望怎样生活，就想到别人也会希望怎样生活；自己不愿意别人怎样对待自己，就不要那样对待别人；自己希望在社会上能站得住，能通达，就也帮助别人站得住，通达。总之，从自己的内心出发，推及他人，去理解他人，对待他人。简单地说，就是推己及人，它和民间常说的将心比心、设身处地为别人想一想等，指的都是一个意思。

为什么有人会如此友善地考虑到其他人呢？真正的原因是，你种下什么，收获的就是什么。播种一个行动，你会收到一个习惯；播种一个习惯，你会收到一个个性；播种一个个性，你会收到一个命运；播种一个善行，你会收到一个善果；播种一个恶行，你会收到一个恶果。

你有权利非公平地对待其他人，但你这种非公平的态度，将会使你"自食其果"。而且，进一步说，你所释放出来的每一种思想的后果，都会回报到你身上。因为你对其他人的所有行为，以及你对其他人的思想，都经由自我暗示的原则全部记录在你的潜意识中，这些行为和思想的性质会影响你自己的个性，而你的个性相当于是一个磁场，把和你个性相同的人或情况吸引到了你身边。

不把自己的意志强加于人

人与人之间由于认识水平不尽一致，有时造成误解，导致产生矛盾。如果我们能有较大的度量，以谅解的态度去对待别人，这样就会赢得时间，矛盾得到缓解。相反，如果度量不大，即使丁点儿大的小事，相互之间也会争吵不休，斤斤计较，最终伤害了感情，也影响了人际交往。

《如何使人们变得高贵》一书中说："把你对自己事情的高度兴趣，跟你对其他事情的漠不关心互相做个比较。那么，你就会明白，世界上其他人也正是抱着这种态度。"这就是：要想与人相处，成功与否全在于你有无偏见，能不能以同理心理解别人的观点。

偏见往往会使一方伤害另一方，如果另一方耿耿于怀，那关系就无法融洽。反之，受损害的一方具有很大的度量，能从大局出发。这样会使原先持偏见者，在感情上受到震动，导致他转变偏见，正确待人。

一个年轻人受不了妻子近来变得忧郁、沮丧，常为一些小事对他吵吵嚷嚷，甚至打骂孩子。他无可奈何之下只好躲到办公室，不想回家。

有位经验丰富的长者见他这样，就问他最近是否与妻子争吵过，年轻人回答说："为装饰房间争吵过。我爱好艺术，远比妻子更懂得色彩，我们特别为卧室的颜色大吵了一架，我想漆的颜色，她就是不同意，我也不肯让步。"

长者又问："如果她说你的办公室布置得不好，把它重新布置一遍，你又如何想呢？"

"我绝不能容忍这样的事。"年轻人回答说。

长者却解释说："办公室是你的权利范围，而家庭以及家里的东西则是你妻子的权利范围，若按照你的想法去布置'她的'厨房，那她就会和你刚才一样感觉受到侵犯似的。在布置住房上，双方意见一致最好，不能用苛刻的标准去要求她，要商量，妻子应有否决权。"

　　年轻人恍然大悟，回家对妻子说："一位长者开导了我，我百分之百地错了，我不该把我的意志强加于你。现在我想通了，你喜欢怎样布置房间就怎样布置吧，这是你的权利，随你的便吧。"妻子听后非常感动，两人言归于好。

　　夫妻生活也和其他人际关系一样，对那些不尽如人意的地方，只有采取豁达宽容的态度，才能有助于矛盾的解决。世界本来就很复杂，什么样的人都有，什么样的思想也都有。如果你事事要求别人按你的想法去做，那只能失去朋友，自己堵住自己的路。

　　豁达是一种博大的胸怀、超然洒脱的态度。豁达开朗的人比较宽容，能够对别人不同的看法、思想、言论、行为都加以理解和尊重，不轻易把自己认为"正确"或者"错误"的东西强加于别人。他们有不同意别人的观点或做法的时候，但他们会尊重别人的选择，给予别人自由思考和生存的权利。

第六章

宽容处世，交友利己

宽容是一种美德，也是一种智慧。只有宽容的人，才能够真正地理解他人，更好地与人相处。同时，宽容也是一种自我保护的方式。如果我们总是对别人苛刻，那么很容易引起他人的反感和敌意，这对于自己的成长和发展也是不利的。"利人是利己的根基"，这句话告诫我们要拥有一颗善良之心。在与人相处的过程中，我们要始终坚持利他原则，多为他人着想，关心他人的需求和感受。这样不仅会让他人感受到温暖和关爱，还会让自己更加充实和幸福。

要学会赞美别人

人人都喜欢被称赞，渴望被他人欣赏和肯定。如果得到夸奖和鼓励，做起事情来也更积极、更热情，正如莎士比亚所说："赞美是照在人心灵上的阳光，没有阳光，我们就不能生长。"

好话要到位

赞美别人，常常有意想不到的收获。虽然赞美别人只是动动嘴皮子，说上几句好话，但是获得赞美的人的体验，却是其他形式难以企及的。

确实，人人都喜欢听好话，但是如果不仔细观察和认真思考，那么赞美的话是难以达到好的效果的。赞美，是一门艺术。恰到好处的赞美，能让人感到极大的愉悦；反之，话说不到点子上，则会让人觉得你虚伪造作，不怀好意，引起极大的反感。

所以，赞美能否发挥妙用，关键就看你是否能把赞美的话说到点子上。

所谓说到点子上，就是指赞美对方时要讲究话语分寸，拿捏到位，在恰当的时机，针对赞美对象进行恰当赞美。

这就要求必须对赞美的对象和要赞美的事情有一定的了解，而不是胡乱开口夸奖。如果"出口乱赞"，常常会事与愿违，适得其反。所以我们平时必须学会善于观察、了解别人的优点，只有对赞美对象足够了解，才能说出让人听了开心的话。

具体来说，怎样才能把赞美的话说得恰到好处呢？

注意观察

留心观察对方的外貌表情、言谈举止，了解对方的喜好。这样在赞美对方时，就能够有所选择、有的放矢，对于一般人没有留意的优点，给予表扬和夸奖更容易打动人。

比如一个厨师，你夸奖他厨艺好，这无可厚非，但或许在其他方面他的优点更突出，可是一般人并不太注意，你发现了并对他进行夸奖，那么比夸奖他厨艺好还能让他感到高兴。

赞美的话语，虽然让人听着高兴，但是必须有所选择。有的人对某一方面的夸奖，已经听得太多了，耳朵都听出老茧了，如果你还重弹老调，就很没新意，也难以获得他的好感。因此必须挖掘他其他方面的优点，并进行恰到好处的夸奖。

具体细致的赞美

夸奖切忌空洞。"你真厉害""你真了不起"这样的话，虽然也是夸奖之词，但往往没什么效果。只有具体细致的赞美，才会让对方感受到你的真情实意。

比如去朋友家做客，朋友上了一道菜，你只简单地说一句"很好吃"，并不能让朋友感到极大的愉悦。但是把菜的味道和自己品尝的感受进行一番具体细致的描述，就会让朋友感受到你确实是在品尝她的菜，而且确实很欣赏她的厨艺。

赞美要恰如其分

第一次到朋友家，发现她的房子光线比较昏暗，而且面积很小。但你想赞美几句，于是便说："你的房子真不错，一个人住着挺宽敞，光线也还不错。"朋友听了这话，会品咂出虚伪的意味，甚至觉得你是在讽刺她。

如果换成评价她室内的装饰，"嗯，你这幅油画真好看"，"这只花瓶放在这里，感觉挺协调的"等，对方就会觉得很舒服，更容易接受。

总之，赞美是人们的心理需要，是尊重他人的一种表现。恰当地赞美别人，会给人舒适感，同时也能够改善相互之间的关系。

所以在交际中，必须掌握赞美他人的技巧，这是给人以自尊心和自信心的重要手段。

千万不要把赞美和恭维混为一谈，二者有本质区别。分不清恭维和赞美的人，人际关系一定不和谐。

在日常生活中，值得赞美的事情其实很多，例如孩子考试取得了好成绩，孩子第一次为父母做饭，孩子花了很长时间终于做好了一个鸟笼子，这些都值得父母对孩子进行赞美。也许孩子考试成绩比父母期望的要低，可是和上次相比，已经有很大的进步了，这就值得赞美；也许孩子第一次做的饭并不可口，可是这是孩子成长道路上的重要一步，父母应该给予鼓励和赞美；也许孩子做的鸟笼子非常粗糙，可毕竟是孩子亲手做的，他一定希望得到父母的赞美。但是许多父母没有对这些事情进行及时赞美，使孩子感到失望，没有了进步的信心和动力。

须知，没有任何东西比父母对孩子的关注和赞扬更能使孩子感到快乐了。

为了学会有效地赞美别人，当我们在饭店吃到一道好菜时，不要忘记说这道菜做得不错，并且把这句话传给厨师；当一位奔波劳累的推销员向你表现出礼貌的态度时，也请你给他一些适当的赞美。

在人际关系中，人们都渴望得到别人的欣赏和赞美。

　　在你经过的地方，不妨多说几句感谢的话，多赞美一下你接触的人，播下一些友善的种子。这些友善的种子将会长成参天大树，当你下次再到这个地方的时候，你就会享受到这些友谊之树带给你的阴凉。

丑话带香味

想要拥有很多朋友，必须懂得一些交友技巧。在恰当的时机对别人进行赞美，就是让你赢得好朋友的一种非常重要的交际技巧。

在交朋友的过程中，不仅需要赞美，也需要适当的批评。怎样有效地批评对方，这是一个需要很高艺术技巧的事情，千万不要大意了。

有人以为，批评往往是"得罪"人的事，所以，为了不得罪人，很多人都不愿意批评人，对犯错误的人，往往睁一只眼闭一只眼，态度暧昧。自古以来就有"良药苦口，忠言逆耳"的古训，如今，良药已经被包上糖衣，不再苦口了，那么我们怎么让忠言不逆耳呢？这就需要讲究批评技巧，为批评穿上"糖衣"。

下面两种方法能够帮助你为批评穿上"糖衣"，不再逆耳。

不要急于批评

说到"批评"这个词，人们很容易想到损人、让人丢面子、颐指气使等。可是在人际交往中，如果要协调人际关系，在批评他人时绝不应该有这种想法。要知道，批评人的真正目的并不是把对方整垮，而是要帮助他成长。所以真正的批评，绝不能伤害对方的自尊心，而是在维护对方自尊心的基础上，帮助他认识所犯错误的性质、危害、根源等，让对方更加正确地行事，也使自己的人际关系更加和谐。

不直接批评

美国心理学家 B.F. 斯金纳通过实验发现，在学习方面，一只因为做对了事而经常得到奖励的动物，要比一只因行为不良而受到处罚的动物学得快。

人类也是这样，我们用批评的方式，并不能让别人有所改变，倒是常常引起愤恨。

另一位伟大的心理学家席莱说："我们极希望获得别人的赞扬，同样地，我们也极为害怕别人的指责。"

批评所引起的后果，常常会降低员工的士气，伤害家人以及朋友的情感，但状况并不会因此有太大的改变。

让对方自己想干

一则关于太阳和风的故事：

太阳和风争论谁的力量大。

风说："当然是我的力量大，我马上证明给你看。你有没有看到那个穿大衣的老人？谁能让他把身上那件大衣脱下，谁的力量就是最大的。先看我的吧！"

太阳没说话，躲进云里去了。

风猛烈地吹了起来，几乎成了一股飓风。可是风吹得愈大、愈厉害，老人把大衣裹得愈紧。

最后，风很不甘心地停下来！

接着，太阳从云后面露出脸来，对着老人露出和善的笑脸。没过多久，老人的额头渗出汗水。

于是，老人把大衣脱了下来。

太阳对风说："温柔、友善的力量，永远胜过愤怒和暴力。"

风输得心服口服。

我们通常都希望别人能遵照我们的意愿去做某件工作，但是，要让别人照着你的意愿去做，你就必须让他明白，他对你有多么重要。这样，他便会觉得这件事是他自己的事，他一定会全心全意去做。

任何人，如果希望改变他人的态度或举止，应该记住下列原则：

1. 要诚恳，一定要站在对方的立场考虑问题；

2. 要明确地告诉别人，你到底希望他做什么，怎样做；

3. 想一下别人如果照你的建议去做，利益何在，把这些利益与他的需要结合起来。

例如我们说："张三，明天有客人要来参观我们的设备，我希望仓房看起来干净些。所以，你要把它打扫一下，把货品好好摆放在架上，并把柜台擦干净。"

张三也许会去做，但是在工作过程中他不会觉得快乐，结果可能不会令你满意。

我们不妨换一种方式要求他做这件事，并且让他知道，如果他这样做的话，会得到什么利益："张三，有一项工作需要你马上完成。我明天要带一些客人来，参观我们的设备，但是我们的设备间有点儿乱，希望你能整理一下，把货物摆在架子上，并擦一擦柜台。这样外人就会觉得我们公司形象很好，而你也为维护公司的良好形象尽了一份力。"

这样张三就觉得做这件事很光荣，他也知道重视公司形象对他是有好处的，他更愿意合作，而且结果可能会令你非常满意。

假如你以为运用这些方法所得到的结果都是愉快的，那可能太绝对了。但大多数人的实践证明：你坚持这些原则，比你不坚持这些原则更能改变人的态度。

多讲朋友好处

俗话说:"良言一句三冬暖,恶语伤人六月寒。"所以我们应该多称赞朋友的好处。但是我们往往忙着为生活和工作而奔波忙碌,而忽略了对家人和朋友的赞美。其实,对于他们的优点,我们说上一句赞美的话,根本不费什么力气,但是对方却会因此很感动,朋友会把你视为知己,你的家庭关系会更加亲密。

然而,很多人常常只盯着别人的短处,很关注别人的缺点,对别人的优点却视而不见。

当有人和你谈起别人的缺点时,你必须谨言慎行,如果你用词闪烁不定,态度模棱两可,就会引起对方的不快,他可能会怨恨你,在背后给你使坏。正确的态度应该是坦然大方,巧妙应对,这样才不会给自己招来麻烦。

即使你不爱谈论别人的是非,可是当别人在你面前谈起其他人的是非时,你也要小心应付。例如有人和你说:"小李,我觉得小陈很傲慢,你认为呢?"如果你轻率地回答:"嗯,我也有这种感觉。"那可就不妙了。这种人通常被戏称为"应声虫",他很可能又跑到小陈那儿去说:"小陈,小李说你这人很傲慢!"甚至还添油加醋,破坏你和别人建立起来的良好关系。

我们身边有很多这样的例子,自古以来就有这么一句话:"话越传越多,东西越传越少。"尤其是当对方大肆议论第三者时,最好不要插嘴,尽管你觉得他这样做是不对的,但你也不要企图做出公正的裁断,因为很难说清楚你的公正。那些议论别人的人可能只是想发泄一下而已,你不必肯定或否定地回答他,就当成耳旁风好了。

其实,应该尽量避免背后议论人,因为这实在是有失修养。可一些人偏偏有这样的癖好,闲谈好论他人是非。对这样的人,我们建议:"静坐常思己过,闲谈莫论人非。"

讲他人的好处并不一定都能产生好的作用，尤其是在女性面前，最好不要赞美其他女性的优点。例如一对恋人逛街，如果男的对女朋友说："那个女孩好漂亮！"那他可要倒霉了。最轻的惩罚是被女朋友骂一顿："那你跟她去吧！"如果遇到野蛮型女友，说不定会被暴打一顿呢。"女性的敌人是女性"，某位心理学家这样讲。

朋友之间，因为相处时间久了，很多缺点就暴露出来了。你若希望交好朋友，最好的方法是多讲朋友的好处；对朋友的不足，要在恰当的时候委婉地指出来。

应该指出，一个人的优点是很多的，就看你是不是善于发现。有些事物，从某个角度看可能是有缺陷的，从其他角度看，则可能有可取之处。比如一个人做事很快，难免出一些纰漏，可是这种人的特点就是快，因为快，做事情的效率自然就提高了！

由此看来，只要用欣赏的眼光去看朋友，朋友都有很多优点。

没必要恭维或向别人献媚，只要你虚怀若谷，真心诚意地向别人学习，你就会离开"拍马屁"的行列，加入正人君子的队伍。

孔子说："三人行，必有我师焉。择其善者而从之，其不善者而改之。"

爱默生说："凡我所遇到的人，都有胜过我的地方，我就学习他那些好的地方。"

孔夫子和爱默生这样的论断，是非常正确的。认真地研究他人的优点，抛掉恭维和谄媚，给他人由衷、诚恳的赞赏。你真诚的话语，定会使他人感动，并终生珍藏……

请记住：献出你真实、诚恳的赞赏，这就是交到好朋友的秘诀。

要给别人留面子

在结交朋友的过程中，一定要注意：不但要维护朋友的面子，还要给足朋友面子。

在交往中，用命令的语气很难圆满地达到交际目的，所以我们应该变命令为商量，用更婉转的口吻来要求别人做什么。

要想交际成功，而又不引起对方的反感，最好的方法就是不使用命令的语气，而是给对方提出"温柔"的建议。

在与人交往的过程中，聪明人从来都不会把话说死、说绝，这样才不至于把自己弄到走投无路的地步。聪明人一般是不会说"我永远不会干你那样的蠢事""谁像你那么不开窍，要我几分钟就做完了""你跟他一样缺心眼儿，看你那副巴结相"等有伤自尊的话。如此种种恶言，任何人听了都会不高兴的，因为人人都爱惜自己的面子，而这样绝对的断言，自然是极不给人面子的一种表现。

当你发现别人的错误时，即使你与对方非常熟悉，或者对方是你的晚辈，你也最好不要直接指出他的错误，而应该以间接的方式提醒他，这样就不会伤害他的自尊了。

如果你是一个大公司的经理，领导着数百人的团队，那么以间接的方式巧妙指出对方的错误，就显得更为重要了。因为你的一言一行，都会对他们产生较大的影响。你断然指出他们的错误，甚至在很多人面前发脾气，容易让别人下不了台，接下来的工作也很难心平气和地做下去。

当你发现别人的错误，或者对他人提出建议时，尽量采取间接的方式指出对方的错误和不足。

正面批评，只会挫伤他人的自尊心；而间接暗示，不但让对方知道你的良苦用心，还会因为你保全了他的面子而从内心感激你。

所以，间接地指出别人的过错，是批评人的一项重要技巧。

生活中，我们常常会忽略这一点，一旦发起怒来，就横加指责，甚至不惜以最刻薄的话批评别人。其实事后想想，我们也会感到很后悔，因一时冲动而口不择言，痛快了自己却伤害了别人。

所以，我们必须养成间接指出他人过错的习惯，时刻提醒自己：自己这样说会不会太直白了？这样做能不能达到目的？

一旦我们权衡利弊以后，就会更多地采用间接的方式来进行批评或建议。

你如果希望成为一个善于纠正朋友不足之处的人，还要注意掩藏自己的聪明。我们发现，那些聪明人经常掩盖自己的聪明，显得自己一无所知，也就是所谓的"大智若愚"。会掩盖自己的聪明，起码不会给对方一种"好为人师"的印象，对方便会以虚心的态度接受你的建议。

总之，要成为交际高手，拥有众多的朋友，一定要懂得给别人留面子，同时也是给自己留余地，而且自己不要在对方的面前暴露无遗。

我们在人际交往中应该懂得这样一个原则：外圆内方，不卑不亢。

外圆内方，是指要懂得忍让，即使吃点小亏也没关系。做人圆滑一点，尽量顺从别人的意思。同时，内心又要有自己的原则，有所为，有所不为。在涉及原则问题时，则坚决不让步。

外圆内方是一种高明的处世之道，是交际艺术。"圆"指的是处世的方法、策略，"方"指的是原则、立场。如果一个人能够真正领悟并运用好这一处世良方，那么对于任何新环境，都能够积极适应，轻松应付。

每个人都应该有自己的原则，没有了原则，一个人就成了随波逐流的庸人、弄奸取巧的小人。人生天地间，如果没有自己的一套原则，结果只能是失去自我，成为别人的附属品。

古人云，大丈夫立于世，应该"富贵不能淫，贫贱不能移，威武不能屈"（《孟子·滕文公下》）。

虽然我们不求做一个圣人，但是我们也应该有自己的原则。做人的原则体现了一个人的修养、品位和素质。

但是，讲原则并不等于不讲究做事的策略和方法。如果不知灵活变通，则是固执和迂腐了。那些不善于灵活变通的人，即使有凌云壮志，也往往落得壮志难酬的下场。

因此，为了达到目的，有时在固守原则的情况下，也必须学会灵活变通，即以外圆内方的处世之道来解决问题。

人的一生会经历各种风雨，需要积极地迎接各种挑战。但是生活告诉人们，不是所有的事情都要斤斤计较，有时候为了做好一些事情，不得不做一定的妥协。这里所说的妥协是合理的，是"外圆内方"中的"圆"，如果不能很好地把握这个度，就有可能被碰得头破血流，不等完成梦想就先败得一塌糊涂。

教你"外圆内方"并不是教你世故或老谋深算，而是教你以"外圆"应付各种阻力，以"内方"保持本色。"外圆内方"是一种很巧妙，有一定难度的处世技巧，既能靠着"外圆"的处世为自己开创新的道路，又要坚持"内方"的本质和原则。

"圆"，其实是一种豁达和容忍的表现，能体现一个人的心胸和能屈能伸的气度。"方"，则是一种原则和人格尊严的体现，是一个人坚持原则不屈服的精神。

在人际交往中必须懂得灵活处世。在工作中，领导犯了错误，必须给他们指出来，这是原则问题。但是如果当着其他人的面直截了当地指出来，恐怕会让领导恼羞成怒，但是找一个适当的时机间接地提出建议，那么领导不仅会乐于接受，而且还会非常感激你。

很多人有一个这样的误区，认为妥协就是受气，是怯弱的表现，尤其是自尊心很强的人，更是一点气也不肯受，他们坚持着所谓的"自我"，却往往被社会所孤立。

在人际交往中，很多人不愿意吃亏，是因为忽略了这样一个道理：小不忍则乱大谋。

必要的妥协不是吃亏，而是一种外圆，是一种懂得不露锋芒、自我保护的处世技巧。只懂"方"而不知"圆"的人，过于坚持自我，容易给自己带来阻力。

在竞争激烈的现代社会，死板地固守原则，有可能"得罪"人而不自知，空有满腔的抱负无法实现。一个真正聪明的人，懂得"外圆"与"内方"之间的平衡，既赢得善于交往和平易近人的好名声，又坚持了自己的原则，最终能够实现自己的理想。

人际交往求其同存其异

人际交往中，最重要的一条原则是求同存异。所谓求同，即追求共同目标，有共同喜好。所谓存异，是指在某些问题上如果双方观点不能达成一致，应该允许对方拥有不同观点，保留自己的意见，而不是强求对方接受自己的观点。

生活中，两个性格相投的人很容易成为好朋友。但是即使关系再融洽，要想成为亲密无间的好友也很难。原因何在？这是因为人心是非常复杂的。人与人即使意气相投，也不可能透彻地了解和理解对方。因为每个人都是独立存在的"个体"，由于生活环境、知识、人生阅历的不同，必然产生差异，观点不可能完全相同。即使是同一个人，脾气也会随着外界环境的变化而改变，更不用说是两个人了。

要想和别人做朋友，百分之百地了解对方是不可能的，所以要懂得包容，给别人一定的空间，学会求同存异。

与朋友相处，应该坦诚相见，求同存异。不能要求朋友完全按照自己的思维方式去思考或办事，也不能要求朋友和自己有完全相同的兴趣爱好。实际上，正是性格、爱好的不同，才使我们能够相互吸引，相互学习。如果我们处处强求对方和自己一致，只会造成对立。只有相互尊重、相互理解，才能使友谊更稳固、更持久。

有时候，朋友之间难免会发生争执。我们在谈话的时候，应该注意，尽量不要把谈话的重心放在"异"上，而应该放在"同"上。

与别人交谈，不要先讨论你们观点不同的一面，而是应该不断强化双方之间相同的一面。这样才能拉近彼此的距离，达到你的目的。

人与人交往的过程中，不管双方的分歧有多大、矛盾有多深，总会有一些共同语言、利益以及愿望等。要会利用这些共同点，创造出"是"的局面，心平气和地与人讨论，这才是可遵循的交友之道。

当你承认别人"是"的时候，对方就处于放松的状态中，这种状态可以让对方冷静地权衡事实，接受你的意见。

看了下面这则故事，你一定能更好地理解求同存异的道理。

一家化妆品公司的推销员去拜访一位老客户，没想到客户主管一见到推销员就说："你怎么还好意思来推销你们的产品？"

这句话把推销员说愣了。经过询问，推销员才明白，原来，客户主管认为他们刚购进的化妆品并不适合北方人的肤质，而此化妆品正是这位推销员推荐的。

推销员很快镇定下来，微笑着说："其实我和您的观点一样，如果这批化妆品不适合北方人保湿的要求，那你们就会退货，对不对？"

"是的。"

"按照北方的气候，化妆品保湿效果应该在十二小时左右，对不对？"

"是的，但是在使用你们的化妆品后，不到十个小时，实验模特的脸就有紧绷的感觉了。"

推销员没有马上为自己辩解，只是问了一个问题："这个房间的温度是多少度？"

"我们的空调室温设定在二十四摄氏度。"

"房间因为加装了空调又没有开窗，几乎处于全封闭环境中，空调房间的湿度比一般室外的湿度还要低，是这样吗？"

客户主管点点头。

推销员继续说："我们这款产品，所设定的保湿度是在常温状态下对皮肤所起的保湿作用，不同的湿度环境下肯定有一点差别，但并不代表我们的产品没有做到十二小时的保湿效果。"

客户主管听后，便恍然道："你说得有道理。"

最后，双方的合作不但没有终止，这位客户主管还追加了一批货物。

其实，推销员明白，对方只是在找终止合作的借口而已，如果推销员一味强调自己的产品多么好，产品没有达到效果，那是你们的环境所致，和产品的质量没有关系，这样说肯定会引起对方的愤懑和争端。相反地，推销员通过引导，让对方承认产品没达到效果是因为他们的使用环境不合适，这就能顺利地引导对话向良性的方向发展。

这种先求同后存异的方法，使得对方在不知不觉的情况下，成了你的观点的支持者。这是一种双赢的方法，也是一种沟通的技巧，更是保护自己的一种方法。

在很多情况下，才不可露尽，力不可使尽，应该适当保留。有所保留，才会加倍完善，才能永远保存一些应变的能力。须知：适时的用力比全力以赴更显得珍贵。我们发现，深谋远虑的人总是留有余地。因此，我们认为，在特定情况下尽部分的力大于尽全力的效果。

在人际交往中，不管是与关系很好的朋友，还是初次见面的陌生人，都应该坚持以求同存异的原则进行交往。这是对别人的尊重，也是给自己带来好人缘的重要方法。懂得了这一点，你在人际交往中就能够如鱼得水，游刃有余，灵活自如地处理各种人际关系。

帮助别人就是帮助自己

人与人之间想要融洽相处，其实很简单，方法就是要懂得真诚地关心别人。不管是在生活上还是在工作上，多一份关心，就给别人带来一丝温暖，别人会感激你。

能助人时则助人，这样不仅仅为别人提供了帮助，而且也为自己开拓了广阔的发展空间。因为说不定哪一天，别人也会反过来帮助你，使你的事业更上一层楼。

总之，助人者人助之。我们想要成就一番大事业，必须广交好友，朋友多了好办事。怎样才能拥有众多的朋友呢？那就是多关心别人，在别人需要帮助时，及时伸出援助之手。朋友是非常重要的资源，人际关系愈广的人，愈容易在事业上取得成功。现代社会，越来越强调"双赢""多赢"，如果你对别人缺乏关注，在别人需要帮助时漠不关心，又怎么能要求别人在你困难时来帮助你呢？

关心别人，帮助别人，是一项情感投资，同时我们在帮助别人时，也能从中获得快乐。毕竟，自己对别人有价值，能够给别人带来帮助，也算是一件令人自豪和欣慰的事。

这个世界每个人都活得很不容易，我们应该学会体谅别人，心怀怜爱之情去对待他人。

和别人相处，即使是事不关己，也不要高高挂起。别人遇到困难寻求帮助时，不妨伸出你热情的双手，真诚地助人一臂之力，在不知不觉中为自己存下一份善果，这样在你需要帮助时，别人才可能帮助你。但是，需要提醒的是，帮助别人切忌过于功利性，不要总是期望帮助别人后就能有所回报，那样只会变得势利，被别人看不起。

历史名将吴起，天生骁勇，威猛善战，在笼络手下士卒上也颇有高明之处，士兵们对他非常崇敬，甘愿随他苦战。吴起与士兵同甘苦，共患难，睡在一起，吃在一处，和士兵穿一样的衣服，受到士兵的爱戴和拥护。

有一次，一个士兵伤口溃烂，痛苦不堪。吴起见状，丝毫没有犹豫，俯身用嘴将伤口的脓血吸净。这位士兵感动得痛哭流涕，其他人也无不唏嘘。

这位士兵的母亲闻知此事，竟大哭起来。别人不解，问她道："你的儿子本是一名小卒，今蒙吴将军如此关爱，亲口帮他吸出脓血，你却不高兴，反而大哭起来，所为何故？"

这位母亲说："你们有所不知，先夫曾经也是吴将军手下的士卒，前番也因感激吴将军吸脓血之恩，誓随将军左右，结果惨死战场。今我儿又蒙将军此等大恩，想必亦是以死相报，怎不令我伤心呢？"

人心都是肉长的，只有真心才能换真心。只有真诚地对待别人，别人才会同样对你。

汉代名将李陵，也非常关心士兵的疾苦。在出击匈奴时，他们不幸被匈奴军队包围，士卒被杀得丢盔弃甲，浑身是伤，却没有一个肯丢下李陵叛变的。最后，李陵下令突围，士卒们没有退缩，仍然摇晃着艰难地从地上爬起来，举着空荡荡的弓弦，满脸血污，勇敢地追随李陵冲杀。

如果不是李陵平日宽厚待人，士兵们怎么会誓死相随呢？

由此可知，只有宽厚和善，方可得人心。

下面是一则寓言：

一头驴驮着沉重的货物，气喘吁吁地请求只驮了一点货物的马："帮我驮一点东西吧，对你来说，这不算什么；可对我来说，却可以减轻不少负担。"

马不高兴地回答："我凭什么帮你驮东西？这样轻松多好呀！"

后来，驴子累得实在走不动了，主人不得不将驴背上的所有货物全部加在马背上，马懊悔不已。

不要忘了，我们都生活在同一片蓝天下，不要以为别人的事和自己无关就袖手旁观，乐得清闲自在。别人需要帮助时，凡是自己力所能及的，就帮别人一把，慢慢积累，一旦你需要帮助时，别人才会向你伸出援助之手。

一个人能取得巨大成功，不仅仅是他个人努力的结果，还离不开别人的帮助。一个成功人士的背后，聚集着许多支持他的人。试想，别人为什么愿意支持你？原因就在于你曾经对他们提供了帮助，或者你值得他们倾心帮助。

我们首先想到的，不应该是自己能有什么回报，而应该是自己能够给予别人什么。积极主动地付出，让对方先获得好处。如果你能坚持这么做，最终一定能积累非常丰富的人际资源，那么以后你办起事情来就容易多了。

一个人最大的财富不是金钱万贯，而是朋友众多。那些获得过你帮助的人，会慢慢汇聚成为一股庞大的力量，并持续不断地回馈给你，尤其是在你遭遇人生厄运或遇到困难时。这时，你会获得战胜困难的勇气和力量。

取得成功的人都是那些愿意帮助别人慷慨付出的人。如果你只想索取，不愿付出，那么最后连你最好的朋友和亲人也会远离你。而一个孤立无援的人，是不可能取得成功的。

每个人都有长处和短处。如果能以己之长，克人之短，那么别人的长处也能克服你的短处。所以，只有互相帮助，才能共同得利。

如果你能帮助别人美梦成真，那么总有一天别人也能助你心想事成！

人际交往中，我们应该多想想自己能帮别人什么忙。只有多帮人，才能多获利。

学会向朋友道歉

在与人交往中，和别人发生小矛盾、产生小摩擦是很正常的现象。关键是要及时反省自己的错误，敢于主动承认错误，向对方道歉。

主动承认错误，可以避免矛盾升级，当你向别人道歉，说出"对不起"这三个字时，矛盾的局面就会出现缓和，问题也变得容易解决。

可是，在一般情况下，我们更容易和关系一般的人说"对不起"，在朋友面前却很难说出这三个字。这是什么原因呢？可能我们认为：既然是朋友，哪里还用说"对不起"？如果这样想就错了，朋友之间，闹矛盾时也需要说声"对不起"，当你对朋友说句"对不起"时，误会也就随之烟消云散了。

"人非圣贤，孰能无过"（《左传·宣公二年》），但是有的人却认为承认错误就暴露了自己的缺点和错误，这是一件有失身份的事。所以即使犯了错，也不肯承认，反而竭力去遮掩，甚至别人当面指出错误时都不肯承认，更不要说道歉了。

有些人明知自己不对，却碍于面子，不肯主动认错，结果双方关系越闹越僵。

小王有个很要好的朋友，是新疆人。这位新疆朋友经常给小王讲新疆的风土人情，小王也经常给这位朋友讲自己家乡的趣闻逸事。平日，他们互相帮助，一起闯过很多难关，建立了非常深厚的友谊。

可是有一天，因为一点小事，这对好朋友闹矛盾了，两人互不理睬，谁也不肯主动认错，就这样僵持着。

后来，这位朋友回新疆了，事先没有告诉小王。小王回想起与他的友谊，懊悔不已，非常难过。他想向这位朋友道歉，可是怎么也联系不上了，就这样失去了一个好朋友。

其实，朋友之间闹矛盾谁对谁错并不重要，重要的是对待矛盾的态度，只要其中一方先说些道歉的话，另一方一定会感到不好意思，这样矛盾就化解了，不会留下什么遗憾。

我们往往很爱面子，即使错了，也不肯承认。许多人错了不但不肯检讨自己，反而推卸责任。实际上，说一声"对不起"，对自己并没有造成多大的损失，但是却能产生非常好的效果。

有个人参加朋友的生日宴会时喝多了，不小心把朋友最喜欢的花瓶打碎了。后来，他感到非常内疚。为了表示歉意，他挑选了一张精致的贺卡，写上道歉之词：我感到万分抱歉，我知道说什么也无法弥补自己的过失。如果当时我没有喝醉，就不会发生那种事了。所以请接受我最真挚的歉意。

他将卡片亲手交给朋友，并带了一瓶朋友最喜欢的酒，不是为了赔偿那个花瓶，而是为了表示真诚的歉意。朋友被他的诚心打动，接受了他的道歉。

所以在人际交往中，必须学会一些道歉的艺术。如果你觉得难以当面开口说"对不起"，也可以通过短信、电话或者一张纸条、一张卡片等方式来表达歉意。

大方地表达歉意，是对你胆量和气度的考验。只有勇于道歉的人，才是懂得交际诀窍、善于权衡轻重的人。虽然只是一句道歉的话，但是得到的却是朋友的原谅和信任。

所以，一定要端正态度，正确对待道歉。须知，道歉是缓解冲突的"润滑剂"。

"对不起"必须是发自内心的，如果是敷衍塞责，也不能起到道歉的效果。

有的人做错了事，很不情愿地说声"对不起"。如果对方没有原谅他，或者表示了一丝不满，他就会说："我都说对不起了，你还要怎么样？"这种态度，完全是把道歉当成做错事得到原谅的手段，并认为道歉能够抵消自己的错误，这不但不能消除误会，解决矛盾，反而会使矛盾更加激化。

所以，道歉一定要真心实意。有时候，简单说一声"对不起"不能解决问题、消除误会，此时就要求你一定要发自内心地真诚道歉，请求别人原谅。只有发自心底地道歉，才会让对方感受到你的诚意。

我们除了要敢于承认错误，敢于说"对不起"外，还要注意真心实意地改正错误。不能刚说完"对不起"，马上又犯同样的错误，久而久之，即使你一再道歉，别人也不会相信你了。

有些时候，除了口头上的道歉外，还应该采取具体行动，加以补救。

在一架即将起飞的飞机上，乘客都在忙自己的事。一位老先生无事可做，坐着闭目养神。尽管空姐不厌其烦地提醒各位乘客不要打开行李架，以免行李滑落伤人，但是仍然有一名乘客不听劝告，打开了头顶上的行李架，结果行李包内的一个瓶子滑下，不偏不倚，正好打在那位老先生的头上。

老先生双手抱头，表情痛苦。"肇事"的乘客赶紧不停地说："对不起，对不起！"旁边一位乘客说："对不起有什么用？还不赶快帮老先生揉一揉！"

这位乘客赶紧帮老人按摩搓揉，老先生也不好生气，说："幸好没打破头，否则揉也没用。"

有些人办起事来非常莽撞，毛手毛脚，不是打翻别人的茶杯，就是碰倒别人的工具，这时候光说"对不起"恐怕难以消减别人的气愤，应该付诸行动。比如尽快拿来抹布擦拭洒出来的茶水，赶紧扶起被撞倒的工具等。

有些道歉的方式让人觉得不习惯，例如低声下气、点头哈腰的道歉。道歉并不是丢人的事，堂堂正正的道歉才能得到对方的尊重和谅解。如果对方不能接受你真心实意的道歉，那就说明他不是一个值得交往的人。

道歉还要注意时间，应该在发生错误之后及时道歉，拖得越久就越难以启齿，矛盾也就越难以解决，甚至还会加深。要记住，真正的道歉不只是认错，同时意味着承认自己的行为给对方造成的伤害，也意味着你很重视彼此之间的关系，希望可以化解冲突，重归于好。

诚恳的歉意不仅能弥补彼此之间的裂痕，还可以增进彼此之间的感情。所以，如果你犯了错，就应该大方地表示歉意，诚恳地说一句"对不起"。

总之，学会道歉，多说对不起，才能化解人际交往中的各种矛盾，使人际关系趋于和谐。

礼轻情义重

中国是礼仪之邦，历来讲究礼节。虽然现代人已经没有了古人的繁文缛节，但是必要的礼仪还是应该讲究的。

美国著名作家罗伯特·哈夫写了一本书叫《如何在这个疯狂世界里找一份好工作》，书出版后非常畅销。在书中作者一针见血地指出："人际交往主要建立在'馈赠关系'之上，有来就要有往。"用中国的话说，就是"礼尚往来""来而不往非礼也"。

虽然"礼"很重要，但是送什么"礼"更关键。很多人认为，在这个"疯狂的物质世界"里，要想往上爬，就得咬着牙，不惜血本地"真情大派送"，给上司、同事送"礼"，而且是越多越好，越贵重越好。

其实这是一种错误的想法，送"礼"并不一定要送物质上的东西。

虽然有句"推陈出新"的俗语叫"有礼走遍天下，无礼寸步难行"，但是，如果人际关系纯粹依靠"礼"来维持，依靠物质利益来维系，那么这种关系就是不稳定的，一旦没有了利益的需求，这种关系也就破裂了。

其实在工作中，给上司、同事送礼并不是最重要的，重要的是如何送和送什么的问题。

如何送礼是交际礼仪的必修学问。做人的学问中，送礼也是必修的基础课。给同事送礼，是八小时之外联络感情、促进关系的最坚实的桥梁。同事帮了你的忙，事后认真地选一份礼物登门拜谢，既还了人情，又让对方高兴；同事有婚嫁喜事，根据关系的亲疏厚薄送上一份贺礼，既添了喜庆，也是一种情感投资；同事身体不适，及时前去探望，送些鲜花、果篮、营养品等，既安抚了病人，又表达了关切……

诸如此类私人馈赠，作为联络感情的必要应酬，当然未尝不可，但要注意轻重之分，一般不宜买太贵重的礼物，免得让对方感到你别有用心，认为你是不是有求于他，或想"拉他下水"。

给上司送礼，可视为一种礼貌，表达感谢照顾之意。"吃人一口，报人一斗"，历来就是维系人际关系和谐的秘诀。上司在公事上给予不少指点，对工作该如何进行，也帮了不少忙。将自己感谢之意变成具体的礼物，显得更实际，更有意义。

日常生活中礼尚往来乃人之常情，同事间互送些小礼品无可厚非，但并非所有的礼物都宜通通收下，有时拒收同事的礼物也是必要的。比如收下一些可能影响工作大局而使对方得益的礼物，则有受贿之嫌。所以，千万要警惕送礼的陷阱。

如果认为送礼的人可能别有用心，应该拒收，实在推托不过，也要尽快回送相同价值的礼品；实在不能收的，除退回礼物之外，还应该附以委婉的歉意。

所以，送礼是一门复杂的学问，何时该送，何时不该送，需要好好斟酌一番。如果送了不该送的礼，送给了不该送的人或者送了不该送的东西，这不仅达不到送礼的初衷，有时还会为自己惹来麻烦。送礼时，我们要具体情况具体分析，根据情况灵活处理。

其实，一个人只要兢兢业业工作，诚心诚意待人，擦亮眼睛处世，有"礼"没"礼"都不是关键所在。

我们常常会有这样的感觉：出差或外出旅行时，最让人头痛的问题就是带什么礼物回来。由于经济条件所限，自然不可能给每一位认识的人都赠送礼物。此时你必须在如何赠礼上做出选择。

毫无疑问，赠送大伙儿一份薄礼，较之赠送几个人贵重的礼物，更是一种理想的选择。因为这样做缩小了获得礼物的人和未获得礼物的人在感受方面的差异。

如果无法给每一位同事送上一份礼物，那么你购买礼物时，就应该考虑到没有获得礼物的人的感受。如果购买高价的礼物送给某某人，此人和未获得礼物的人在感受方面的差异将凸显出来。这样的礼物，最好别送。

赠送礼物不当，有时还会招致未获得礼物者的反感，降低自己的人际指数。由于这种礼物只是形式上的东西而已，比起接受礼物者的高兴，未获得礼物者的不高兴更加强烈。你所送礼物的价值愈高，他们这种负面感受就会愈强烈。如果这项礼物微不足道，就不会引起未获礼物者的关注，也可以避免由此带来的麻烦。

对于上班族而言，赠送礼物的方法也是一门重要的学问。大多数人总是以上司为中心赠送礼物，其实这并不是恰当的方式，因为对于上司而言，部下出差时完成任务的质量远比是否送给他礼物更重要。

所以，不如将礼物赠送给平时无出差机会的同事。比方说，送给和这次出差相关却没有获得出差机会的同事。换句话说，你应该为会计、人事、总务等管理部门的人准备一份小礼物。

处理好这些事情，你才能左右逢源，不会因送礼惹来不必要的麻烦。

有个女孩叫小云，在一家报社工作。她是一个有心人，善于将小礼物的功效发挥到极致。每次出差回来，她总会给同事带一些当地的小玩意儿；哪位同事生病了，她会送上一张自制的卡片，上面歪歪扭扭地画着同事的卡通形象，很能逗人开心。逢年过节，发张电子贺卡更是不在话下。所以，小云也就成了报社里最受欢迎的女孩。

不要在你需要帮助的时候，才想起维持人际关系，急急忙忙地给别人送上厚礼，而应该在平日适时送上一份小礼物，这样更能让人感激。

拒绝的技巧

在人际交往中，有时会发生这样的情况：朋友请你帮个忙，可是你担心自己能力有限，恐怕无法做到，但碍于面子，不懂如何去拒绝，结果只好硬着头皮答应下来。最后费力不讨好，事情办砸了，朋友反而会责怪你。这真是"死要面子活受罪"。

其实，如果懂得巧妙地拒绝，不但不会让对方下不了台，还能给自己减少许多麻烦。明明自己不想做，或者明知自己做起来有困难，却仍然承诺，最后只会让自己陷入尴尬的境地。

朋友拜托你一件事情，如果自己没能力办好，最好不要轻易答允。因为如果你答允了，朋友就会抱着极大的希望等待好消息。你却不能给朋友好消息，这多让朋友失望呀！可是如果你直爽地说办不了，朋友又会以为你不愿意帮忙，在这种情况下，应该怎么办呢？答案是应该用巧妙的方式暗示对方。

有一个公司的总经理，事业非常成功，在管理上很有办法。经常有人邀请他去做演讲。但是有一段时间，他因为劳累过度病倒了。为了更好地休整，他推掉了所有事务，打算去度假。但就在准备休假的前一天，他接到了一个朋友的电话，邀请他下周一做一场演讲。当时他找不到合适的理由来拒绝，于是只好说："我查查日程表再回复你好吗？最近特别忙。"

放下电话，他左思右想，心里有了主意，便打电话对朋友说："非常抱歉，我查了日程表后，下周一去参加一个在外地的会议，要到下周末才回来，恐怕不能去你那里做演讲了。这样吧，我回来就与你联系，到时候再谈演讲的事，你看怎么样？"

这个总经理没有直接拒绝对方，而是合理委婉地告诉他自己另有安排。这样做不仅可以照顾到对方的情绪，同时也给自己留有余地，保留了下次演讲的可能性。

这样既不会"得罪"朋友，也不会让自己陷入为难的境地。

此外，如果在规定的时间内无法完成任务，必须明确说出来："时间太短了，恐怕很难完成任务。请再延长一些时间吧。"与其勉强接下工作任务，结果逾期无法完成，不如当时就拒绝，这样会给双方省去不必要的麻烦。

应该迅速判断自己能否完成别人委托的工作，如果不能满足对方的要求，应该及时向对方说明，好让对方有所准备。如果你实事求是地摆明理由，他也不会因为你的拒绝而耿耿于怀。明明知道自己不能完成任务还要接下工作的人，是无法获得信赖的。因为如此一来，必定把自己搞得忙碌不堪，最后必然产生不良后果，不是使自己精神崩溃，就是把事情办糟，什么也没做好。

如果一位同事让你帮他做一份难度很高的工作，没有时间限制，只要你帮助他完成就行，你应该怎么办呢？答应下来吧，可能要连续几晚上加班才能完成，弄得疲惫不堪，影响本职工作；直接拒绝吧，对方会认为你不够意思。

这种事谁都有可能遇到，如果处理不好，就会影响人际关系。

有的人可能会直说道："不行，我没时间！"这无疑会引起对方不愉快，甚至对你产生怨恨心理，还可能会在背后说你的坏话。

有的人会说："你找 ×× 去做吧，他在这方面比较在行。"表面上看你是在夸奖 ××，但却是在推卸责任。这对你的人际关系也很不利。如果 ×× 恰好是个斤斤计较的人，那你可就要倒霉了，日后可能会专门找你的碴儿，让你不得安生。

以上都不是最佳的拒绝理由，那么到底应该怎样委婉地拒绝别人不合理的请求呢？

秘诀一：认真倾听

当对方对你提出请求时，一定要认真倾听，这样对方会有一种被尊重的感觉。这样，当你拒绝时，对方更容易接受。

秘诀二：理智说"不"

对方说完自己的请求时，一定希望你给予帮助，即使你不能给予帮助，也要给对方一个明确的答复，说明不能相助的理由，然后理智地说"不"，不能让对方产生误会。

秘诀三：给出建议

不管你的拒绝多有技巧，对方都会失望，这时你应该表现得积极一些，可以运用自己的人际关系，为对方提供一些有价值的意见或建议。

总之，只要你懂得委婉地表明自己的难处，真诚地关心别人的难处，对方一定会体谅你的苦衷，不会记恨你的拒绝。

与人交往保持距离

与人交往不能过于亲近，因为一旦失去了距离，就容易产生出轻慢的举动，就会失去秉公办事的理性，好声望可能会慢慢消失。

最常用的物品往往是最不被珍惜的，虽然这种物品一般都是最实用的，可是接触多了，物品的缺点就会都暴露出来。人与人相处也是这样，而保持一定的距离则能够掩饰缺陷和减少摩擦。

因此，千万不要与任何人过于亲近。和上司过于亲近，同事和下属就会对你有看法，不利于你工作的开展；和下属过于亲近，就可能失去领导的尊严。

与人交往要保持适当的距离，不能靠得太近，也不能离得太远，要让双方有各自的空间。

心理学家曾做过这样的实验：在一个有十个座位的会场中，把两个人安排在六号和十号座位上就座，然后观察后来的人进来后会坐在哪里。

结果发现，第一个人一般会选择八号座位，第二个人会选择三号或四号座位。这里，这些参加试验的人互相都不认识。心理学家得出结论：人们之间是有一定距离的。人们既不会坐得离陌生人太远，也不会坐得太近，以保持一定的距离为好。

也许你也有这样的经历：当你和第一次见面的人紧挨着坐下，他可能会把身体往旁边移动一下，或者坐到另一个座位上。这让你觉得很尴尬。

他为什么会有这种举动呢？这是因为我们每个人都需要一定的个人空间，当你不经意侵犯了别人的私人空间时，对方会觉得自己受到伤害，于是采取保护措施，开辟另外的私人空间。可是如果你离他太远也不行，他会觉得你看不起他，或者认为你不愿意和他交往。

所以，和陌生人交往时，要选择好两者之间的距离，一方面要尊重对方的私人空间，同时，又要让对方感受到你的友好态度，避免生疏。

一位心理学家也做过类似的实验：在一个刚刚开门的大阅览室里，当第一位读者坐下阅读刊物时，心理学家走进去，紧挨着这位读者坐下，然后观察他有什么反应。

实验进行了八十人次，结果证明：在空旷的阅览室里，没有一个被试者能够忍受一个陌生人紧挨着自己坐下。当心理学家坐在他们身边时，绝大部分人会默默地坐到别处，有人则干脆问道："你想干什么？"

这个实验说明每个人周围都有属于自己的私人空间，当这个私人空间被他人触犯时就会感到不舒服、不安全，甚至因此而恼怒。

那么，人与人之间的交往距离是如何界定的呢？美国人类学家爱德华·霍尔博士划分了四种距离。

亲密距离

这个距离就是我们平时说的"亲密无间"，是人际交往中最小的间隔，其最近距离在15厘米范围之内，彼此间能够肌肤相亲，耳鬓厮磨，能够感受到对方的体温、气味、气息。稍远的范围是15至44厘米之间，身体上的接触可表现为挽臂执手，勾肩搭背。只有情感密切的人才能达到如此距离。两个人之间能达到这种距离的，异性往往是爱人、恋人，同性往往是最好的朋友。

在人际交往中，如果距离不够接近或过于接近，都会引起对方的反感，遭到排斥。

朋友距离

朋友距离的近距离范围在46至76厘米之间，身体上没有其他亲密接触，刚好能相互握手，友好交谈。这是与熟人交往的空间，陌生人交往时如果进入这个距离，就会对对方构成侵犯。朋友距离的远距离范围是76至122厘米，任何朋友和熟人都可以自由地进入这个空间。不过，通常情况下，较为融洽的熟人之间交往时，保持的距离更靠近远距离范围的近距离（76厘米）一端；而不熟悉的人之间谈话，则更靠近远距离范围的远距离（122厘米）一端。

实际生活中，亲密距离与朋友距离通常都是在非正式社交场合中使用，在正式社交场合则使用社交距离。

社交距离

这一距离体现了社交性和礼节上的较正式的关系，社交距离的近范围在1.2 米至 2.1 米之间，这是一般的工作环境和社交聚会的标准距离。

有这样一个例子：一次座谈会，工作人员安排座位时有个疏忽，两个并列的单人沙发间没有摆放增加距离的茶几。结果，客人不得不尽量靠到沙发外侧的扶手上，身体呈向后仰的姿势。

可见，不同的情境，不同的关系，要有不同的人际距离，如果距离和情境不对应，一方或双方就会心理不适。

社交距离的远距离范围在 2.1 至 3.7 米之间，表现的是更加正式的社交关系。公司经理常用一张大而宽的办公桌，并将来访者的座位放在离办公桌有一段距离的地方，这样与来访者谈话时就能保持一定的距离。

企业或国家领导人之间的谈判，招聘时的面谈，大学生论文答辩等场合，双方之间也会隔一张桌子，保持一定距离，这样会增加庄重的气氛。

公众距离

公众距离的近范围在 3.7 至 7.6 米之间，这种距离是适合演讲者和听众之间的距离，当演讲者试图与某个特定的听众谈话时，他必须走下讲台，使两个人的距离缩短为亲密距离或社交距离，才能够实现有效沟通。公众距离的远距离范围在 7.6 米之外，这是一个几乎能容纳一切人的开放空间，人们在这一空间内，完全可以对其他人"视而不见"，不予交往，因为相互之间可能没有任何联系。

尽管以上四种距离都有一些数字范围，但是不同国家、不同民族、不同文化背景，对交往距离的定义也不尽相同。这种差距是人们对"自我距离"的理解不同造成的。例如，北美人理解"自我"包括皮肤、衣服以及体外几十厘米的空间；而阿拉伯人的"自我距离"则仅限于心灵，他们甚至把皮肤也当成身外之物。因此，当北美人和阿拉伯人交往时，就会出现这样的可笑场面：阿拉伯人因为对方和自己距离太远而觉得对方过于冷淡，因此步步逼近；而北美人却因阿拉伯人的步步进逼而连连后退，他们认为对方过度亲热了。

由于社会地位的不同，人们的交往距离也有差别。一般来说，有权力、有地位的人所需要的交往距离会相对大一些。就像我国古代的皇帝，身份地位都很尊贵，所以需要的交往距离比较大。他们坐在高高的龙椅上，和大臣之间拉开了较大距离。如果哪位大臣不小心靠近皇帝的话，没准会被当成刺客而丢了性命呢。

确定交往距离的远近，不仅和一个人的社会地位有关，还和个人的性格以及交往的具体情境等因素有关。

性格开朗、喜欢交往的人乐意接近别人，交往距离较小，不太介意别人的靠近；而性格内向、孤僻保守的人，习惯于把自己封闭起来，对靠近他的人十分敏感，他们的交往距离较大，如果这个距离受到侵占，他们就会感到不舒服和焦虑。

人们的交往距离，会随具体情境的变化而变化。例如在拥挤的公共汽车上，即使是性格内向的人，也不能讲究交往空间了，因而也就能容忍别人靠得很近，这时已没有亲密距离还是公众距离的界限，因为空间很小，彼此间不得不通过躲避别人的视线和呼吸来表示交往距离的存在。

在较为空旷的公共场所，人们的交往距离会随之扩大，如公园里供游人休息的长椅上，陌生人如果贸然挨着你坐下，你可能会怀疑此人的用心，产生不自在的感觉。所以，人们有时会试图通过选择适当的位置来独占一块公共区域。如在公园的长椅上，如果你不想和别人同坐一把长椅，那么你就坐在长椅中间，这就会给人这样一个感受：椅子比较短，容不下两个人，这样你就能成功地在一段时间内独占这把椅子了。

了解了交往中人们所需的交往空间及适当的交往距离，就能恰当地选择与人交往的最佳距离。通过交往距离的信息，能够了解一个人的社会地位、性格以及人们之间的相互关系，便于更好地进行人际交往。

以上说的是交往距离，在心理上，也应该和对方保持距离。

有这样一个例子：

小王大学刚毕业，他找了一份广告设计的工作。由于刚刚毕业，自知没什么经验，需要公司前辈们多多帮助，所以，小王进入公司之后表现得格外谦虚，对公司上上下下的人都百般热心，不论谁有困难，他都全力以赴，帮人家解决。

开始时大家都很喜欢他，可是，一段时间过去了，大家开始疏远他。每次得到他的热心帮助后，被帮助者都表现得很不乐意。为此，小王很困惑。

心理学家分析了小王的困惑：对一个头脑清醒、身体健康的人来说，得到、付出都是自身的需要。人际交往中，这两种需要应该基本保持平衡，如果严重失衡，付出的远远大于得到的，或者得到的远远大于付出的，相互之间的关系维持起来是很困难的。

像小王那样，一味地付出，而不给别人回报的机会，就会给别人心理上造成压力，这种压力使彼此的关系失去平衡，愧疚感使受惠一方只能选择逃避。

人际交往要留有余地，即使是好事，也不能一次做尽。初入社交圈的人往往认为自己全心全意帮助别人会使关系融洽、密切，事实并非如此。因为如果一味地接受别人的付出而没有机会回报，就会心理失衡。"滴水之恩，当涌泉相报"（《增广贤文·朱子家训》），这其实是一种保持关系平衡的做法。

彼此心灵都需要一定的空间，如果你想帮助别人，想和别人维持长久关系，那么不妨适当地给别人回报的机会，这样不至于因为内心的压力而影响了双方的关系。

在人际交往中，有一条很重要的交往原则，即要保持一定的距离，给对方留有余地。只有这样，才能使人际关系达到和谐状态。